U0532473

Simone de Beauvoir

Die legendären Gespräche mit Alice Schwarzer

封面照片 Charles Hewitt/Getty Images/视觉中国

SIMONE DE BEAUVOIR

波伏瓦访谈录

DIE
LEGENDÄREN
GESPRÄCHE
MIT
ALICE
SCHWARZER

［法］西蒙娜·德·波伏瓦
［德］爱丽丝·施瓦泽 著

刘风 译

北京联合出版公司
Beijing United Publishing Co.,Ltd.

只 为 优 质 阅 读

好
读

Goodreads

我一生中，

从未遇到像我这样天赋是获得幸福的人，

也从未遇到像我这样执着追求幸福的人。

——西蒙娜·德·波伏瓦

目 录

v | 新版序言

xxvii | 前言　我会非常坦诚地回答

001 | **今天，我为什么是一个女权主义者**
　　　波伏瓦如何成为新女权运动的同路人（1972）

027 | **萨特和我——一种相互渗透**
　　　波伏瓦和萨特以及与"第三者"的关系（1973）

053 | **永恒女性是个谎言**
　　　"女性天性"和男性的反弹（1976）

079 | **当人老了，糟糕的是，仍觉得年轻**
　　　70岁的波伏瓦谈衰老和性（1978）

101 | **和他不一样，我充满激情**
　　　波伏瓦谈爱与尊严（1982）

129 | **波伏瓦生平与作品**

139 | **内容说明**

新版序言

我第一次见到波伏瓦是在1970年5月,当时她对我态度颇为冷淡。不过,那次我是约了萨特,碰巧遇见她的。那段时间,我在巴黎担任特约通讯员,那次是去采访这位哲学家,请他谈谈当时再次备受关注的"革命暴力"问题:个人是否有使用暴力进行反抗的权利?如果有,"以暴制暴"的限度在哪里?

我坐在萨特位于拉斯帕伊大道的单间公寓里。采访时间是30分钟,访谈即将结束时,有人用钥匙转动门锁打开门,走了进来,来人正是西蒙娜·德·波伏瓦。她不悦地扫了我一眼(还有我的半长金发和迷你裙),然后冷冷地、近乎生硬地提醒萨特,他们一会儿还要出席新闻发布会。随后,她在离我们稍远些的地方——萨特的书桌前——坐下,开始工作。

我能感觉出来她因为采访拖延了时间很生气,这让我有些不自在。我头一回领教波伏瓦那出了名的"tête de chameau"(直译为"骆驼头")性格——当她遇到不喜欢的人或感到别扭的事,就会板起脸,一副冷若冰霜、拒人千里的模样。后来我才知晓,她是一个决绝的人。这种决绝的性格一体两面,另一面是:一旦她心里装下一个人,就再也放不下。

直到今天,我仍然能感受到当时的激动心情。在当时的法国,萨特是"五月风暴"的头号理论家,因支持青年反叛运动的激进态度而声名大噪。见到萨特，我已经激动不已，更何况，还见到了波伏瓦……我和她之间的联系可比和萨特的多得多。

自20世纪60年代初以来，西蒙娜·德·波伏瓦这个遥远的存在，对于我们那代人既是空前的挑战，也是莫大的鼓舞。我这里指的不仅是她的作品——小说、回忆录和论著——还有她的生活。作为一名知识分子，她是勇敢且可敬的反抗者，她参与那个时代最具爆炸性话题的政治辩论，旗帜鲜明地表达立场（比如在阿尔及利亚战争中反对法国殖民者）；作为一名女性，她过着和伴侣不结婚、不同住的"开放式爱情"生活；作为一位作家，她独树一帜、成就斐然，并且魅力四射。总而言之，她是一个旷世无双的奇女子！用今天的话来说，她是一个顶级"偶像"。

如果那时有人告诉我，在波伏瓦的漫漫人

生路上，会有一段旅程与我同行——我将和她进行这些访谈，而且它们将会影响全世界的妇女运动——我大抵不会相信。更让我想不到的是，我们对谈的那些年（1972—1982）还广为人们接受、享誉世界的波伏瓦，在她去世（1986）后不过数年，就被误解、被无视，甚至几乎被遗忘。

然而，西蒙娜·德·波伏瓦正在被重新发现。在当前关于两性话题的争论中，身份认同主义者强调人与人的差异，普世主义者强调人与人的平等，而波伏瓦的平等思想是其中最重要的推动力量，尤其涉及性别关系。她理想中的性别关系是一种"兄弟姐妹情谊"。与此同时，没有人像她那样激进地分析和彻底地质疑社会性别，却并不否认生理性别。

今天人们称为"性别解构"的概念，波伏瓦早有先见，虽然她并不是在这一领域进行研究的第一人，但她的分析最是鞭辟入里，她一针见血地指出："女人不是天生的，而是后天形成的。"塑造"女性气质"和"男性气质"的不是生物学构成（Biologie），不是自然本质（Natur），而是文化：终生的性别角色分配把人割裂为女人或男人，剥夺了他们的另一面。波伏瓦理想中的人，是摆脱了性别角色束缚的完整的人。

然而，身为哲学家的波伏瓦并不否认生理性别，也不否认性别经过了千百年的塑造。在1949年出版的《第二性》（*Le Deuxième Sexe*）中，她写道："拒绝永恒女性、黑人灵魂、犹太人性格的概念，并非否认今日有犹太人、黑人、女人：这种否定对上述几种人并不代表一种解放，而是代表一种非本真的回避态度。显而易见，任何女人都不能真诚地自认为置身于自己的性别之外。"对男人来说，道理亦然。

例如，在当前关于跨性别的讨论中，性别改变后否认先天性别的经历和印痕①作用，就是"不真诚"。真诚的做法是，承认并接纳出生性别和所期望的性别这两方面的经历。因此，波伏瓦坚持摒弃文化性别角色，但她也深知印痕作用的真实性和自然的不可逆性。她在《第二性》的结尾写道："人类的任务是让自由王国在既定的世界实现突破性飞跃。为了取得这一最终胜利，男性和女性应超越他们的自然差异，明确表达相互之间的兄弟情谊。"（若是在今天，她大概会说"兄弟姐妹情谊"。）

在当前的性别身份认同辩论中，有些人既质疑社会性别，又质疑生理性别，即将文化与自然等同起来。而在波伏瓦看来，"自然性别"即生理性别当然是不可逆转的，只是它不应该再成

---

① 印痕（Prägung，也称印记、印迹或铭印），在行为生物学中指一种不可逆的学习模式：通常在一段比较短的由基因决定的敏感时期里，环境刺激会被长久地植入个体行为中，后天看来就好像先天习得的一样。

为分配性别角色的借口。

在20世纪初全球历史性的女权运动过去半个多世纪后,"新女权运动"应运而生,在美国被称为"第二次浪潮"。我们这些七十年代的女权主义者都读过西蒙娜·德·波伏瓦的《第二性》,并在其理论基础上加以发挥。不久,该书作者也成为我们中的一员,公开承认自己是女权主义者,并积极参与女权主义运动。

1970年9月,我加入了巴黎的一个女权先锋小团体。次年春天,我们的行动就被视为一股运动,媒体称其为"妇女解放运动"(Mouvement de Libération des Femmes,简称MLF)。我们发起了一次又一次引人注目的行动,其中包括反堕胎禁令运动。1971年4月,包括一些知名人士在内的343名女性在《新观察家》(*Le Nouvel Observateur*)杂志上公开声明:"我堕过胎,我要求每个女性都享有同样的权利！"[1]波伏瓦就在这些女性之列。我将这个运动理念从法国带到了德国，1971年6月6日，374名女性在德国《亮点》周刊（*Der Stern*）挑衅地宣称："我们堕过胎！"

自加入女权运动起，波伏瓦就一直与激进女权主义少数派合作，她在政治上和感情上都信任我们。她从不拒绝我们的请求。如同萨特成为一部分新左派的"同路人"（Compagnon de route），现在的波伏瓦也是激进女权主义者（反生物决定论者或普世主义者）的同路人。

对约定的事情，无论是参与政治活动还是参加私人宴会，波伏瓦总是准时到场。她痛恨不守时。她没时间可以浪费，讨论中她言辞精辟犀

---

[1] 由波伏瓦起草的《343荡妇宣言》，该宣言由343名女士共同签署，通过承认自己堕过胎，提倡女性堕胎权。在当时的法国，堕胎属非法行为。

利，分析富有洞见，激情洋溢的无政府主义思想感染力极强。对于她，不激进，毋宁死。然而，激进如她，却总是风度优雅、仪态端庄——瞧她把手提包放在膝头的样子……

那是一个充满希望的年代，似乎一切皆有可能；政治活动让人着迷，占据了我们全部的生活，我们沉浸其中、如醉如痴。每天晚上都被聚会、讨论、餐会、活动填满。"和西蒙娜共进晚餐"（Les bouffes avec Simone）成了大家乐此不疲的习惯。每隔几周，大家轮流做饭聚餐，但从不在波伏瓦那里，她讨厌做饭。大多数时候在我这里，我喜欢做饭。我们六到八个女人，大快朵颐，开怀畅饮，笑谈天下，然后共商女性解放大计。

在这样的一次"晚餐会"中，我萌生了采访波伏瓦的想法，后来就诞生了我们的第一次访谈。曾是保守社会主义者的波伏瓦宣布

"改信"女权主义，成为积极的女权主义者，我认为兹事体大。我之所以这样看，是因为1949年《第二性》面世后，作为20世纪最重要的女权主义理论家之一，波伏瓦却认为女权运动没有存在的必要。她当时称，相信"在社会主义内部，妇女问题会自然而然地得到解决"。但后来，"现实社会主义"和斯大林主义使波伏瓦和萨特的幻想破灭了，当然，幻想破灭的不止他们两个。

我们的首次访谈也因为波伏瓦这一政治立场的转变而创造了历史。该访谈于1972年年初发表，那时在西方国家，正在兴起的女权运动与左派陷入了僵持不下的合法性之争，而女权运动的一部分参与者正来自左派。恰在此时，与激进左派过从甚密的萨特的伴侣站出来宣称："我是女权主义者！"她支持独立于左派的女权运动，并批评资本主义国家和社会主义国家里的"亲爱的同志们"。我们的访谈被翻译成多国语言，甚至包括日语，盗版在无数女性团体中传播。

一年后，我为北德广播公司（NDR）做了一次波伏瓦的电视专访。本书关于波伏瓦和萨特的关系问题的访谈，就取材于这次专访。这个片子1972年9月拍摄于罗马。据我所知，这是他们唯一一次一起回答该问题。他们的关系被视为"开放式爱情"的典范，影响了几代人。

政治活动和访谈之外，在罗马的那些日子开启了我们真正的友谊。还记得露台上那些漫长的夜晚，波伏瓦、萨特和我，我们三人谈天说地、嬉笑怒骂，不亦乐乎；我们有个共同的爱好，就是喜欢聊八卦，八卦可比某些哲学讨论更饶有趣味，更富有启发性。

早在20世纪70年代中期，在我们的第三次访谈中，波伏瓦就曾警告说，要提防信奉"女性天性"（也包括男性天性）的论调重新抬头。她讥讽道:"既然不能赞美女人刷锅洗碗是美的,那就赞美做母亲是美的。"

波伏瓦在访谈中的言论,特别是关于母性的言论,招致了抗议风暴,情形和《第二性》出版时有关爱、同性恋和母性的章节引起的轩然大波别无二致。世界各地的女性写信到她巴黎的私人住址(11 bis,Rue Schoelcher)控诉她:"你对母亲怀有敌意!你大概自己生活不如意!不要因噎废食!"直到今天,那些无法容忍波伏瓦不愿在思想上自我欺骗或任人欺骗的人,仍然不想去了解她,并坚持误解她。

在波伏瓦的一生中,有多少回她不得不耐着性子回答人们的问题:不曾做母亲是否让她感觉缺失了生命中极其重要的东西?试问有人问过萨特,他不曾做父亲,还觉得自己是一个完整的人吗?因此,在她有关母性的言论中,不免有一股不胜其烦的怒火。同时,对于女性倾向于自欺[①]和不真诚，正如萨特所阐释的那样，她也确实有一种怒其不争的愤怒。

那么关于母性，波伏瓦究竟说了什么？她说，人们借母性之名要求女性承担照顾子女之责，但母性并非与生俱来，而是后天驯化而成的。做母亲的生物本能，即生育能力，并不理所当然地意味着有责任和能力去承担社会性母职的任务，即抚养孩子。母职本身并不是创造性行为，而是生物学现象。母职也不是女性的终生职责。母职往往把女性变成名副其实的奴隶，把她们禁锢在家中。因此，必须停止这种母职实践，即传统的男女分工。今天一些女性政治家也发表了类似的言论，只不过比波伏瓦晚了半个世纪。

---

① 自欺（mauvaise foi）是萨特存在主义哲学的一个重要概念，指个体对自我认知和存在的扭曲，以及对真实存在的否认，是人们逃避真实自我的方式。通过自欺，人们可以逃避自由选择以及选择所带来的责任。

在1976年的访谈中,我们都认为,讨论以女权主义之名对女性气质的盲目神化非常重要。波伏瓦激烈抨击任何声称女性"特别"或"更好"的论调,她说:"这是阴险的生物决定论,和我所有的观念背道而驰。如果男人告诉我们:乖乖地做女人吧,把权力、荣誉、事业所有这些烦人的事情都交给我们吧,安于你们的现状:脚踏实地,专注于人类的使命……如果他们这样说,我们就该警惕了!"

在1982年9月的最后一次访谈中,我们又一次谈到执着于这种性别"差异"——基于不同的性别印痕和性别现实,男女差异的确存在——而非追求平等所带来的危害。

1978年1月,在她70岁生日前的一天,我们做了第四次访谈,谈论她自己的晚年。波伏瓦的著作《论老年》(*La Vieillesse*)对老年和衰老提供了富有预见性的全面分析,就其对女性的意义而言，可与《第二性》相媲美。在这次访谈中，波伏瓦表现出一种她特有的性格特征：她并不是一个耽于自我沉思的人。她写了这部关于老年的著作，并不意味着比起其他人她对自己的晚年有更多话要说。她有充分的自知，但同时与自身保持着距离，这使她一生都无拘无束、洒脱恣意、生气勃勃，这也体现在她的思想上。然而，就像她的回忆录一样，在这次访谈中，她也没有说出全部真相，这在她去世后得到证实。她这样做也是考虑到他人的感受，或许不仅仅出于这个原因。但波伏瓦通过遗物，即她留下的信件，尤其是写给萨特的信，道出了全部真相。她知道，自己去世后继承人希尔维·勒邦（Sylvie Le Bon）会发表这些信件，她自己在萨特去世后就公开了他的信件。不过，波伏瓦生前还顾及尚在人世的当事人的感受，她的继承人则没有她那样的顾虑了。

在波伏瓦1986年4月14日意外去世前，我在最后一次访谈中问她,身为作家,假如回望过去,是否有些事情今天会做出不同的选择。她回答道:"有,我会更诚实。""关于我的性取向,我没有说出全部真相。"事实上,关于她的双性恋倾向,她没有说出全部真相;对于她为"开放式爱情"所付出的代价,她也没有说出全部真相。

这样的契约——与萨特保持伴侣关系,同时可以与第三者有情人关系——对于不能亦不想把爱和性分开的女性,往往更为困难。大概这也是为何除了与萨特,波伏瓦终其一生未再进入另一段严肃的关系。唯一可能危及萨特位置的人,是纳尔逊·阿尔格伦[①]。波伏瓦和他经历了一段充满激情的关系,之后离开了他。

[①] 纳尔逊·阿尔格伦(Nelson Algren,1909—1981),美国小说家,其作品大多以芝加哥的贫民窟为背景,代表作《金臂人》(*The Man with the Golden Arm*)获首届美国国家图书奖的小说奖。

私下里，波伏瓦和我也曾多次坦诚地谈论性。有一次在交谈中，她向我吐露她第一次体验到性高潮是和阿尔格伦，在她38岁的时候。实在令人难以置信，她可是一个因"开放式爱情"而闻名世界的人啊。可在那样的年代，女性就是这般处境，西蒙娜·德·波伏瓦也不例外。再者，在萨特和波伏瓦的关系中，性并没有那么重要。萨特曾说，自己对性并不太感兴趣，还是个糟糕的情人，让他欲罢不能的是征服女人。这样的好处是，他和情人们的性关系不会对他和波伏瓦的关系造成不可挽回的影响，他们两人亲密无间，也会情意绵绵，但那种感情更类似亲情。

她也没有一味放任对女性的爱情，她通常选择与她地位不对等、年龄相差悬殊的女性作为伴侣。直到萨特生命的末期，她才让一位女性，希尔维·勒邦，在她生活中占据了中心位置，这并非巧合。虽然波伏瓦在《第二性》中写了女同性恋，这在那个年代已是罕见的打破禁忌之举，但直到女权运动风起云涌的70年代，她才得以将这方面的认识从政治上并结合实践做了彻底的梳理。

显然，对波伏瓦来说，对女性的爱情既令人心驰神往，又让人胆战心惊。因为早年对她双性恋倾向的猜测，已然掀起轩然大波，导致她名声受损，社会地位岌岌可危。她想必觉察到，只有借助一位男性的支撑，或是身边有一位男性相伴，才能实现她对个人完整性的追求。

难道这才是她与萨特——"孪生的"男版自己——将契约进行到底的真实原因？芳华之年的波伏瓦之所以选择才华横溢、卓尔不群的萨特，是因为只有在他身边，她才能拿到进入那个女性被拒之门外的世界的通行证？因此，她才竭力避免使两人的共生关系陷入危险？常被言之凿凿谈起的她和萨特的"相互渗透"，是她探索男性世界的一种方式？和萨特在一起以及通过他，她释放了身为女性不能释放的所有情感和欲望？那么，对她来说，萨特是否也只是一种媒介，借助这个媒介，她作为女人也能"像男人一样"思考和行动？故而，萨特实际上被当成了她的另一面——作为他者的波伏瓦被剥夺的另一面？

1908年1月9日出生于巴黎的波伏瓦，是20世纪第一代接受教育的女性精英，在那之前，接受教育是男性的特权。她摆脱了中产阶层的束缚，闯入外面的世界。从那一刻起，她就想要主客体合一，既为客体，亦为主体；既是女人，亦是男人，完整的人。

1947年7月3日，她在给当时的情人阿尔格伦的信中写道："生活中的一切我都想要。我想是女人，也想是男人，想有很多朋友，也想一人独处，想工作和写出很棒的书，也想旅行和享乐，想只为自己活着，又不想只为自己活着……你看，要得到我想要的一切，殊为不易。要是做不到，我会气疯。"

这里我们又看到了波伏瓦的决绝。当然，她深知不同的性别印痕和性别现实的存在，在她自己身上亦是如此，但她选择了存在主义的自由。她不愿再让自己分裂为头脑和身体，不愿再二选一，要么被人尊重，要么令人倾慕。她既想是富有魅力的知识分子，又想是动人心魄的窈窕女子。

今天，妇女解放运动的后浪们面临着和当年波伏瓦一样的使命：将认识与行动、理智与情感统一起来。波伏瓦作为女权主义先驱，是一个举世无双的伟大榜样。她有时会失败，但也赢得了若干胜利。她只是做了自己人生的主人——决心要幸福。

爱丽丝·施瓦泽
2022年夏于科隆

前言
我会非常坦诚地回答

爱丽丝·施瓦泽对我的访谈是在1972年年初至1982年9月进行的,前后持续了10年时间。作为女权主义者,我们之间有同道之谊,亦有私人情谊,她能提出我感兴趣的问题,对她的问题我也能毫无保留地坦诚回答。因此,这些对话非常准确地反映了那段时间我对女权主义的态度——也是我至今仍然坚持的态度。

实话说,自1970年我参与了所谓"新女权主义"运动以来,我的观念几乎没有改变,只是结合我的女权主义实践略做了些修正。我所说的女权主义实践，包括我与其他女性的关系、她们给我写的信，以及我参与的各种活动。思想应当来自生活实践，至少这是我的一贯想法和做法。因此，阅读这本书，应当按照访谈的年份顺序，因为我的思想和观念随着时间的推移会有些修正。

在这些访谈中，我主要谈论我所秉持的女权主义立场和观点。但由于爱丽丝·施瓦泽也问及萨特和我的关系，我觉得也有必要谈论一下。有些女权主义者认为，一个女人若与一个男人关系紧密，就不会像其他女权主义者那样去奋斗。我不同意这种说法，我想让大家看到，二者是可以兼顾的，至少就我个人而言是这样。很高兴看到本书问世，它会让人们更了解我，也希望大家能借此更了解我全身心投入的这项事业。

西蒙娜·德·波伏瓦
1983年于巴黎

今天，
我为什么是一个女权主义者

―――――――――
1949年出版《第二性》的波伏瓦在1972年才首次
宣称自己是女权主义者，这背后的原因是什么？

施瓦泽：您对女性处境的分析至今仍然是最激进的。自1949年您出版《第二性》后,还没有人能超越您。特别是,您激发了新女权运动。但直到23年后的今天,您才首次身体力行,积极参与到妇女集体斗争的一线。在巴黎,您和法国女性肩并肩走上街头,加入国际妇女大游行的行列。这是为什么?

波伏瓦：因为我看到,过去的20年中女性境况并没有发生真正的改变。在法国,女性的处境仅在离婚和结婚两方面有些小的改进。避孕药具也普及了些，但普及程度还不够，因为只有7%的法国女性使用避孕药。可无论怎样，女性的职业选择仍有很大的局限性，她们大多从事秘书或护士类工作，很少担任企业负责人或医生。最受欢迎的职业完全把女性拒之门外，而在各个行业中，女性又会遭遇男性对她们竖起的职业屏障。凡此种种引起我的思考。在我看来，女性如果真想改变自己的处境，必须把命运掌握在自己手中。当法国妇女运动的人问我，是否愿意和她们共同起草堕胎宣言，和其他女性一起公开自暴堕胎的过往。我就想，这是一个吸引人们注意的恰当方式，堕胎禁令是当今最骇人听闻的荒唐法令。事情就是这样开始的。因此，自然而然地，我加入游行队伍中，使用她们打出的口号，我完全赞同这些口号：要堕胎和避孕自由，堕胎和避孕免费！要是否成为母亲的选择自由！

施瓦泽：您谈到了法国女性的处境。不过，您也访问过一些社会主义国家，这些国家女性的处境有根本性改变吗？

波伏瓦： 那里的情况略有不同。我曾近距离观察苏联女性的状况。几乎所有苏联女性都工作，不工作的女性（一些高干或要人的妻子）会受到他人的鄙视。苏联女性很以工作为荣。她们肩负很多社会和政治责任，对这些责任有切身感知。但若看统计数字，真正在中央委员会和人民议会（最高苏维埃）中的女性，即真正掌握权力的女性，其数量远远低于男性。在职业领域，情况也是如此。最不受欢迎的职业一般都是女性从事的职业。在苏联，几乎所有医生都是女性，因为是免费医疗，国家给予医生的工资待遇很差，而工作又极为辛苦。教育和医疗工作主要由女性来承担，而像科学和工程这类至关重要的领域，则很少让女性涉足。即使是那些女性争取到一席之地的职业，她们在其中的地位也低于男性，这和资本主义国家的情况一模一样。

在苏联，女性不仅承受着职业上的不平等，在其他方面的处境也和其他国家的女性一样恶劣。像家务劳动、照顾孩子仍然是女性独自承担。女权运动正对这种状况大加挞伐。

施瓦泽：是什么原因呢？

波伏瓦：首先，因为社会主义国家并不是真正的社会主义，也就是说，它们没有实现马克思梦想的可以改变人的社会主义，只是改变了生产关系。但是今天我们越来越认识到，仅仅改变生产关系不足以改变社会和人。因此，尽管经济制度不同，男人和女人仍然被赋予了传统角色。这与我们社会中的男性内化了一种我称之为"优越情结"的观念有关，也就是他们自认为高人一等。他们不愿放弃这种想法。他们需要女性的劣势来抬高自己，而女性也习惯了自己低人一等，敢于进行斗争的女性寥寥无几。

施瓦泽："女权主义"这个概念受到诸多误解。您如何定义它？

波伏瓦：我记得在《第二性》的结尾，我说我不是女权主义者。因为那时我认为，妇女问题会随着社会主义的发展自然而然地得到解决。在我看来，女权主义者是为女性而战的女性，或是男性；他们为女性而战（可能会结合阶级斗争，却又独立于阶级斗争），而不一定依赖于整个社会的变革。我今天宣称自己是一个女权主义者，是基于以下原因：我认识到，政治层面的斗争不会那么快达到目标。因此，我们必须在梦想中的社会主义到来之前，为改变女性的现实处境而战。另外，我也看到，即使在社会主义国家，男女平等也没有实现。因此，今天我积极参与妇女解放运动。

此外——我相信这也是许多女性参与女权运动的原因之一——即使在左派甚至革命团体和组织内部，男女之间也存在着深刻的不平等。最低级、最乏味和最卑微的工作仍然由女性承担，而男性仍然掌握话语权，撰写文章，做所有最有趣、最受瞩目的事情，并承担最重大的责任。即使在原则上旨在解放所有人——包括女性和年轻人——的团体中，女性也处于低下的地位。所以说，女性必须自己掌握自己的命运。

施瓦泽： 年轻的新一代女权主义者颇为好战，且前所未有地激进，您总体上对"新女权主义"持什么看法？

波伏瓦： 您知道，在女权运动中——尤其在进展最为显著的美国——存在着若干不同流派，从相对保守的贝蒂·弗里丹[1]到要求阉割所有男性的SCUM[2]。法国妇女解放运动也有多种派别，而我所属的那一派试图将妇女解放与阶级

---

[1] 贝蒂·弗里丹（Betty Friedan，1921—2006），美国著名女权运动家，她推动了美国第二次女权主义运动的发展，其著作《女性的奥秘》（*The Feminine Mystique*）为自由主义女权主义的经典。
[2] SCUM（Society for Cutting Up Men），切割男人协会，一个极端反对男性的妇女团体。

斗争相结合。因此，我认为妇女的某些特定斗争也与男性所进行的斗争息息相关，我反对完全排斥男性。

施瓦泽：在当前阶段，大多数女性团体将男性排除在集体性的妇女工作之外，对此您怎么看？

波伏瓦：我赞成。我支持将男性排除在外，至少在某种程度上。正如您刚才所说，这是现阶段的策略。这样做有两个原因：首先，我们必须考虑到，即使在这些团体中，男性也无法克制自己的男性本能，他们会是演讲者，会对女性发号施令。其次，许多女性（无论她们嘴上说什么，心里其实很清楚）有些自卑和害羞。当有男性在场时，她们不敢自由自在地表达。对女性来说，在她们所属的团体中不会遇到她们的丈夫或男友，不会遇到任何与之关系密切的人尤为重要，因为她们本就应当摆脱他们的束缚。

无论由于男性心态还是女性心态，目前的现实情况是，在男女混合团体中绝不可能有真正坦诚的讨论。

施瓦泽：您认为，目前女性团体将男性排除在外是一个现实的具体问题？因为有男性在场，女性可能会放不开？或者也是一个政治问题？因为，如女权主义者所言，男人创造并代表剥削女人的制度，而且男人作为个体也从对女人的压迫中获益，所以他们是头号敌人。

波伏瓦：是的，当然，但问题没那么简单。马克思关于资本家的说法在这里也适用：他们也是受害者。当然，若像我以前那样，说我们要反抗制度，不免过于抽象。作为女性，当然要反抗男性。毕竟作为男性，即使不是你创造了这个制度，即使它不是现在的男性创造的，你也是同谋者和受益者，不可能逍遥事外，免于任何惩罚。比如，一个30岁的男性，他没有建立这个父权制社会，但他某种程度上从中受益；即使他不想受益，他也是受益者，因为他肯定内化了许多东西。因此，我们必须反抗制度，而对待男性，即使不与他们为敌，也至少要持怀疑态度。所以，制度和男性，女性都必须攻击。

若一位男性是女权主义者，则另当别论。不过，对这样的男性仍然要保持某种怀疑，提防其家长制作风。女性不希望被赐予自由与平等，她们要自己争取自由与平等。这两者截然不同。

施瓦泽：有些女性态度激进，甚至走向"厌男"，您认为这在政治上可取吗？

波伏瓦：如果一些女性确实很激进，完全拒绝男性，这也许不是坏事。这些女性可以影响和带动那些缺乏个人动机、容易向男性妥协的女性。这是很有可能的。

施瓦泽：大部分女权运动中，都有一个同性恋派别，她们只占少数，并非人们所说的多数派，但她们是一股重要的推动力量。您认为，女同性恋这种最为激进的排斥男性的形式，能成为现阶段的政治武器吗？

波伏瓦：我还没有思考过这个问题。我想，有些女性很激进，原则上是好事。但如果她们太过强调同性恋问题，甚至咄咄逼人地向异性恋女性宣传拒绝男性的各种方式，就不太明智，这不利于与异性恋女性的团结。不过，实际上我认为，有同性恋女性是好事。

施瓦泽：这些同性恋女性完全排除与男性的性关系，因为她们认为，当前情况下，这种关系必然是压迫性的……

波伏瓦：男女之间的性关系总是压迫和被压迫吗？为什么不争取改变这种关系，而是完全拒绝呢？当有人对我说，每一次性交都是强奸时，我感到震惊。我不相信，也无同感。这基本又在重拾"男性气质"神话。这恰恰是在说，男性性器官真的是一把剑、一种武器。我认为，一个公平对待男性和女性的文明社会，理应找到无压迫的性关系模式。

施瓦泽：谈到《第二性》时，您曾说女性特质从未使您个人受到影响，您拥有"不受偏见和成见约束的人生境遇"。您是想说，女性能凭一己之力，在职业和人际关系上，逃脱自己的性别角色吗？

波伏瓦：完全逃脱性别角色吗？不能！为什么要逃脱呢？我拥有女性的身体——显然，我非常幸运。我很大程度上逃脱了被奴役的女性处境，尤其是育儿和家庭主妇的责任。职业上，我是一位哲学教授，在那个鲜有女性接受高等教育的时代，我是女性中的特权者。由于女性很少，男性更愿意友善地认可那些有所成就的女性。如今，女性获得成功越来越普遍，致使男性必然担心他们的地位。然而，如果像我一样承认，女性不必成为母亲和妻子才能过上充实和幸福的生活，那么就会有一定数量的女性不必忍受被奴役之苦。当然，她们必须生在特权阶层，或者具备一定的智力和能力。

施瓦泽：您说过："我一生最大的成功，是和萨特的关系……"

波伏瓦：是的，是的……

施瓦泽：不过，您这一生念兹在兹的是独立自主。鉴于今天男女之间很难有平等的关系，您觉得，对您来说，是否不存在这个问题了？

波伏瓦：对我个人来说，不存在这方面的问题了，我很确定。不过当我环顾四周……倒也有一些女性摆脱了男性压迫。她们大多是事业成功的女性，也许没和某个男性建立真正幸福和平衡的关系。不过，若不是遇到萨特，我一生大概也会经历若干段感情，也许不会像现在这么幸福，但至少应该还说得过去。

施瓦泽：有些派别的女权主义者把女性定义为现有诸多阶级之外的一个"阶级"，她们之所以这样定义，是因为家务劳动完全由女性无偿承担，并且家务劳动不具有交换价值。因此，她们认为，父权压迫是主要矛盾，而非次要矛盾，您同意这种分析吗？

波伏瓦：我认为这种分析不够充分。我在《第二性》中写过，女性是一个"低阶种姓"。种姓指人生来就归属其中、无法摆脱的体系，但人原则上可以从一个阶级转到另一个阶级。如果一个人是女人，她永远不可能成为男人。所以说，女性是一个名副其实的种姓。人们在经济、社会和政治上对待女性的方式，把她们变成了

"低阶种姓"。

父权制压迫与资本主义压迫之间有什么关联？目前我还没有答案。这是一个我在未来几年很愿意去研究的问题。我对此很感兴趣。那些将父权制压迫与资本主义压迫相提并论的分析我并不认同。诚然，女性的劳动成果被剥夺了，或更准确地说，她们的劳动不产生剩余价值。这与工人的剩余价值被窃取不同。不过，这确实是一个基本问题，整个女性斗争策略都取决于它。无偿的家务劳动是一种剥削，强调女性拒绝无偿的家务劳动，是非常正确的。不过也有一些独立自主、自谋生计的女性，她们不会受到家庭主妇所遭受的那种剥削……

施瓦泽：但是，外出工作的女性，所得薪酬还是低于做同种工作的男性……

波伏瓦：是的，薪酬不同。确实如此。不过，家务劳动对女性的剥削和有偿劳动对人的剥削并不相同。凯特·米利特[①]和杰梅茵·格里尔[②]以及费尔斯通[③]对此都没有给予足够的关注……但名气略小的费尔斯通在她《性的辩证法》（*Dialectic of Sex*）一书中，倒是提出了一些新观点。她将妇女解放和儿童解放联系起来。这是正确的。只有当儿童也从成人的束缚中解放出来，妇女才能得到解放。我从未谈论过这个话题，因为我从没这样想过。

施瓦泽：您也积极参与了阶级斗争运动，尤其是在1968年5月之后。您还担任了一份激进

[①] 凯特·米利特（Kate Millett，1934—2017），美国女权主义作家，第二波女权主义运动代表人物，她的《性政治》（*Sexual Politics*）一书是二十世纪后半叶最具影响力的女权主义著作。
[②] 杰梅茵·格里尔（Germaine Greer，1939— ），生于澳大利亚，著名女权主义作家，近代女权主义先驱，和美国的贝蒂·弗里丹是二十世纪六七十年代西方女权运动的两面旗帜，代表作《女太监》（*The Female Eunuch*）名列西方七大女权主义著作之一。
[③] 舒拉米斯·费尔斯通（Shulamith Firestone，1945—2012），加拿大裔美国激进女权主义者，早期激进女权主义和第二波女权主义运动代表人物。

左派杂志的主编。在您看来,阶级斗争和性别斗争之间有什么关系?

波伏瓦:我可以断定,阶级斗争实质上并不解放妇女。这个结论使我改变了自《第二性》出版后所抱持的一些观点。在那些强调阶级斗争的派别中,无论是共产主义者、托洛茨基派还是"毛派",女性永远处于附属地位,服从于男性。因此,我坚信,在妇女问题上,女性必须自己寻求解决之道,把命运掌握在自己手中。要想找到工人被剥削和女性被剥削之间的关联,需要进行认真的分析。我可以肯定地说,消灭资本主义会为妇女解放创造较为有利的条件,但这并不意味着实现了妇女解放。消灭资本主义并不意味着消灭了父权制,只要家庭制度不被触动、安然无恙,父权制就永远存在。我认为,不仅要改变所有权关系,还必须改变家庭结构。在这方面,连中国也没有做到,那里虽然废除了父权制家庭,或者说封建家庭,从而使女性境况得到了改善，但她接受了实际上沿袭自封建家庭传统的核心家庭。因此，我不确定中国的女性是否真正地获得了解放。我认为，应该取缔家庭。有些女性，甚至也有男性，曾尝试用集体社区或其他尚待发明的形式来取代家庭，我非常赞同。

施瓦泽：那么，是否可以说，阶级斗争不一定解放妇女，但反过来，激进女权主义会破坏阶级结构？

波伏瓦：试图瓦解家庭和相应的结构，资本主义可能会被动摇。女性摧毁父权制，将对资本主义和技术官僚主义的方方面面产生多大影响，对此未经深思熟虑我不敢贸然揣测。但如果女权主义者有非常激进的诉求，又能成功实现这些诉求，那么将会威胁到整个体系。

施瓦泽：《第二性》出版后，人们常常指责您止步于分析，没有进一步为妇女解放提出策略。

波伏瓦：没错。我承认这方面我在书中讲得不够充分。我只表达了对未来、革命和社会主义者的模糊信任，就打住了。

施瓦泽：那么关于妇女解放，在个体和集体层面，您觉得有哪些具体的可能性？

波伏瓦：首先，女性一定要外出工作。其次，可能的话，不要结婚。我本来也可以嫁给萨特，但我认为，我们没结婚是明智的。一旦结了婚，别人就拿对待已婚妇女的态度来对待你。最后你自己也把自己看作已婚妇女了。已婚女性与社会的关系和未婚女性与社会的关系不同。结婚对女性来说是危险的，但可能有一些原因让女性选择婚姻，比如，不结婚又想要孩子仍然是很麻烦的事情，因为非婚生子在未来的人生当中会面临很多困难。不过，我认为最好不要结婚。如果真想独立,最要紧的是职业,就是要有一份工作。这是我对所有问此问题的女性的忠告。有工作是必要的前提条件,使你想离婚的时候能离得起,能养活自己和孩子,可以不依靠任何人而拥有自己想要的生活。不过,工作也不是万能灵药。我当然清楚,一小时赚四马克的普通女工或清洁女工,并不能真正做到独立。我知道,现在的工作给人自由,也让人异化。因此,女性必须常常在两种异化间做出选择:家庭主妇的异化,还是职业女性的异化。诚然,工作并非灵丹妙药,但有薪工作仍是女性独立的前提条件。

施瓦泽:那已婚生子的女性又该如何呢?

波伏瓦:对有些女性来说,确实没有机会了。假如她们已经35岁,要照顾四个孩子,已婚又没有工作,那么我不知道还能做什么。谈到获得解放的希望,只是对下一代女性、年轻人和一些特权阶层的女性而言的!

施瓦泽：一位女性若想解放自己，是在个体层面上持续行动，还是应该以集体行动的方式？

波伏瓦：应该通过集体行动。一定要始终通过集体行动。到目前为止，我还没有这样做，因为我没有找到我认同的集体。但在某种程度上，写作《第二性》使我获得了解放（不仅仅是我的解放），因为我过着我想要的生活。

施瓦泽：您如何评价现有的女权运动的发展？

波伏瓦：我认为会取得进步，但不会那么轻松。因为女性有迎合男性、保持传统女性气质的愿望。这在女性当中非常普遍。不论在法国，还是其他地方，很多女性都非常保守、非常女性化……尽管如此，我认为在如今的家庭劳动条件下，女性会有更多时间思考，所以即使在资本主义制度之内，女性也能有所作为。然而，说到外出工作，在男性失业的情况下，是不会把工作给女性的。我认为，女权运动可能会像学生运动一样产生影响，虽然起初受到限制，但最终几乎会摧毁一切。如果女性进入职场，确有可能颠覆整个系统。

施瓦泽：您是否想象过一个女性终将获得解放的世界？

波伏瓦：我认为，不应对女性气质抱有特别的期待。无论如何，我们追求的是平等，而不是发展特定的女性品质。我不相信女性获得平等后，她们会发展出特别有趣的、诗意的东西，即女性化的价值观。事实上，普世的文化、文明和价值观念都是由男性创造的。就像无产阶级拒绝将资产阶级视为代表一切的阶级，但并不拒绝资产阶级的所有价值观，而是吸收和利用它们一样。同样，女性也应在获得平等地位后，利用男性创造的价值，而不是排斥它们。在创造普世价值的过程中，男人往往在其中注入自身的男性气质。他们以一种狡猾而微妙的方式，将普世性和男性气质混合在一起。因此，关键是对二者加以区分，剔除混淆的部分。这是可能的，也是女性面临的任务之一。所以，拒绝男性模式是搞什么名堂？一位女性学习空手道，这是男性化的，可我觉得她这样做很好。我们不能拒绝男性的世界，因为它就是整个世界，终归也是我们的世界。女性将像男性一样创造出独特而新颖的东西，但我不认为她们会创造出新的价值。如果不同意这一点，那就是认同女性本质，这是我一向反对的，必须完全摈弃这类观念。

施瓦泽：您赞成在解放妇女的过程中使用暴力吗？

波伏瓦：就目前的情况而言，我赞成。因为男性对女性使用暴力——语言暴力和肢体暴力，包括强暴、侮辱、打耳光——所以女性也应该使用暴力来自卫。

施瓦泽：您现在认为自己是激进女权主义者，并且积极参与了斗争。接下来有什么行动计划？

波伏瓦：我和法国妇女解放运动的人正在联合策划一个项目。我们计划举行一系列公开听证会，揭露针对妇女的罪行。首先将会在2月19日和20日于巴黎互助之家举行主题为母性、堕胎和避孕的活动。我们将成立一个由女性组成的调查委员会，她们将听取要求废除堕胎法的真实理由及证人的陈述。证人中也会有男性，但主要是那些堕过胎的女性。我们还将听取母亲的证言。她们将会讲述在这样一个男性把照顾孩子的责任全部推给女性的社会中，她们的生活何其艰难。我们还将邀请生物学家、社会学家，以及其他领域的若干人士出席会议，他们将就相关主题给出意见，这将使我们有理有据地解释我们为什么要求堕胎自由。

施瓦泽：人们常常把妇女解放运动与争取堕胎自由的斗争联系在一起。您个人是否也想打破这个局限？

波伏瓦：是的，当然。我想，我和女权运动还将一起经历很多斗争。争取堕胎自由很重要，但不应再被视为妇女解放的前提。

萨特和我
——一种相互渗透

1973年,罗马,成为时代偶像的伉俪一起接受采访,一一回应两人的关系和其中的约定。

施瓦泽：西蒙娜，我先援引您的两句话。您曾写道："我最重要的作品是我的生活。我一生最不寻常的经历是与萨特相遇。"你们互为伴侣已经40年之久，但一直努力避免陷入普通夫妻的那种庸常生活，避免陷入围绕着占有、嫉妒、忠诚以及一夫一妻制的纠缠。由于这种生活方式，你们被许多人诟病，也被无数人效仿。无论有意无意，在许多夫妻或情侣眼中，尤其在女性心目中，你们成了一种理想和榜样。他们将你们的理论、实践和生活视作标杆。我想从这个角度，问几个涉及你们关系的问题。第一个问题：对你们的关系而言，你们不住在一起这个事实，是否比不结婚更为重要？

波伏瓦：绝对是这样！所谓的自由结合如果跳不出构成婚姻生活的那些框框，比如，在同一屋檐下共进一日三餐，那么女性还是免不了要扮演家庭主妇的角色。这样一来，就和婚姻几乎没什么区别了。而我们的生活方式十分灵活，有时我们同住，但也不是分秒不离，而是彼此留有空间。比如，在我们年轻的时候，我们住在旅馆，吃在餐馆，有时两人独处，有时和朋友共度。我们也经常一起度假，但并不是整个假日都形影不离。比如，我喜欢徒步，萨特不喜欢，那我就独自一人去徒步，这段时间他就和朋友待在一起。我们在日常生活中保持的这种自由度很重要，让我们的关系不会像婚姻生活那样沉闷乏味、令人倦怠。我觉得，这的确比我们没结婚这个事实更重要。

施瓦泽：你们决定不住在一起。物质条件优越的人，才比较容易采用这种模式吧？

萨特：我想是的。

波伏瓦：我们当时并不是很富裕，但我俩是教师，各有一份薪水，这使我们各自能负担得起一间小小的旅馆客房。不过如果挣得不多，是很难支付这个费用的。我们不想住在一起，是因为我俩都不想为房子所累。我们就住旅馆。我根本不能想象拥有一所房子。当时我们不仅不想生活在同一屋檐下，而且两人压根儿都不想有个屋檐，不想定居下来。

施瓦泽：不过，有段时间你们是住在同一家旅馆的？

波伏瓦：噢，是的。

萨特：噢，是的。

波伏瓦：其实，我们经常这样，差不多一直住同一家旅馆。有时住不同楼层，有时住同一楼层，但这仍意味着各自有很大的独立空间。

施瓦泽：读罢您的回忆录，我怀疑，您是否真的质疑一夫一妻制，抑或，你们把你们俩的关系置于绝对优先地位，而所有第三者都沦为配角。

波伏瓦：是的，可能是这么回事。

萨特：是的，这么说有点道理。这也是我和其他女性在一起时发生矛盾的原因，因为她们想要成为主角。

波伏瓦：也就是说，我俩生活中的第三者，从一开始就知道存在着一种关系，这种关系可能会挤压我们各自与他们每个人的关系。对他们来说，这往往并不是很愉快。我俩的关系在某种程度上确实对这些第三者造成了困扰。这种关系绝对该受到批评，因为有时它使我们对待他们的态度有失妥当。

施瓦泽：就是说，你们这种关系是以牺牲他人为代价的？

波伏瓦：是的，的确如此。

施瓦泽：能否谈谈关于不要孩子的决定——如果有过这样一个决定的话。还是说，你们都认为这是不言而喻的事情？

波伏瓦：对我来说，这是理所当然的，并不是因为我讨厌孩子……在我还很年轻的时候，我想过要和我表兄雅克结婚，过一种中产阶级生活，那样的话也就意味着我会要孩子。但我和萨特是一种基于智识,而非婚姻制度、家庭或别的什么的关系,因此我从来就不想要孩子。我不太想要一个萨特的复制品——对我来说,有他足矣!我也不想要一个自己的复制品,有我自己就够了。萨特,不知道您是否想过这个问题。

萨特:我年轻的时候没想过要孩子。

施瓦泽:但您现在收养了一个女儿,这怎么说?

萨特:这个不一样,这是两相情愿。她并不能算是女儿……我收养她,是帮她一个忙,也是帮我自己一个忙。

波伏瓦:实际上是为了让她拥有类似父女的关系,让她快乐起来,因为她在自己家里不太快乐。她就是想有另一个父亲。但最重要的是,她是被选择的,作为成年人被选择……您收养她时,她多大了?

萨特:28岁或26岁。

施瓦泽:您是否感觉自己像一个替代性父亲?

萨特:没有,更像社会性父亲。这让我拥有某些权利可以帮到她,让她生活得容易一些。对我来说,这并不是家庭事务。

波伏瓦:还有一些非常实际的考虑,因为萨特很希望有个人能合法继承他的遗产,不是钱的事,钱在这里无关紧要,是关系到他作品的版权。想到自己的知识遗产将落在远房亲戚或丝毫不熟悉的人的手里,并由他们来处置,是十分难受的事情。因此,他就找了一个年龄较小,大概率会比自己活得更长久的人,也算是未雨绸缪吧。

施瓦泽：再把话题回到决定不要孩子这件事。人们常说，决定不要孩子的人，尤其是女性，后来当机会不再，都追悔莫及。西蒙娜，您生活中是否有过这样的时刻，后悔不要孩子？

波伏瓦：完全没有！我从不后悔没要孩子。因为我非常幸运，不仅有幸拥有和萨特的关系，还有幸拥有很多亲密的朋友。我不后悔，恰恰相反，看到认识的女性和她们的子女，尤其是她们和女儿的关系，说真的，常常让我感到十分可怕。我很高兴免于此等关系之累。

施瓦泽：你们的伴侣关系遵循什么样的游戏规则呢？比如，你们总是跟对方说实话吗？

萨特：我觉得，我总是说实话，但我这样做是出于自觉。对我没必要盘问来盘问去。虽然我不是每次马上就说实话，也许过十天半月才说，但最后还是会说实话，坦诚相告，毫无保留。起码我是！至于她……

波伏瓦：我也是，我也是。不过我觉得，不能把这个当作放之四海而皆准的规则。对我们来说，这种透明和坦诚比较省事。我们是知识分子，知道把握分寸——就像萨特说的那样，是今天说实话，还是10天以后再说，还是必须用点心思和计策，那要看具体情况……但不能劝所有的夫妇或情侣，总是把残酷的真相和盘托出。有时真相会被利用，成为伤人的武器——男人经常使用这种武器。他们不但背叛自己的妻子，还乐于告知她们实情，这样做不是为了与对方明确关系，而是为了夸耀。我不认为真相本身有价值。若双方都能完全赤诚以对，是一种幸运，但真相本身不具有价值。

施瓦泽：在许多人看来，波伏瓦是萨特的伴侣，但萨特从来不是波伏瓦的伴侣。这种歧视是否影响了你们的关系？是否让您生气和烦恼？

波伏瓦：这完全没有影响我和萨特的关系，这又不是他的错。对我也没有太大影响，因为我写的东西让我获得了某种程度的认可，也使我和女性或读者建立了非常密切的关系。但有时看到评论说，若不是遇到萨特，我一个字也写不出来；有的说，是萨特成就了我的文学事业；甚至有的说是萨特帮我写的书，看到这些话我会很生气。

施瓦泽：萨特，您对这些诋毁有何反应？

萨特：我觉得这些言论特别可笑。我从没有反驳过，因为全都是谣言，不是严肃评论，不值得认真对待。我个人并不在意这些，不是觉得身为男人当有男子气度，而是因为都是流言蜚语，毫无意义。这些言论从没有让我们惧怕，也从未对我们的关系构成威胁。

施瓦泽：我想问个庸俗但我觉得很重要的

问题，就是你们关系的实际层面。在夫妻或情侣间，金钱往往起着很重要的作用，物质问题占的分量很重。在你们的关系中，金钱曾是个问题吗？

萨特：我俩之间不存在这个问题。金钱对她或我，对我们两个人都很重要，对我们的共同生活也很重要，因为人必须生存。但在我们之间，金钱从来不是个问题，从没影响我们的关系。有时候我们都有钱，有时候有钱的那个拿出钱来两人一起花。要么不分你我，要么各花各的，视情况而定。

波伏瓦：我们年轻的时候，萨特从他祖母那里继承了很小的一笔遗产。他用这笔钱和我一起旅行，对这件事我没有任何顾虑。我们从来没有严格的规定。有段时间，我完全靠萨特生活，有两三年的时间。那是在战后，因为我想写作，我记得，我是在写《第二性》。如果我去从事一份职业——当时我已辞去了教职——就不能写作。而他当时很有钱，靠他生活并没有让我觉得于心不安。几年前，他经济窘迫的时候，我帮了他。所以，我们之间没有任何问题，尽管我们的账户是分开的，但我们两人不分彼此，他的就是我的，我的也是他的，从不为花钱的事情浪费口舌。我用我的钱想做什么就做什么，他也是。

施瓦泽：像你们这样关系如此紧密，是会相互影响的。萨特，西蒙娜，你们能否各自说一说，在哪些方面你们相互影响？

萨特：要我说，我们的相互影响是方方面面的。

波伏瓦：我不这样看。恰恰相反，我认为，我们之间不是相互影响，而是一种相互渗透。

萨特：您愿意这样说的话，好吧。在一些特别的问题上，不只在文学方面，也包括生活上的问题，我们总是一起做决定，所以是相互影响。

波伏瓦：是的，这就是我所说的相互渗透。决定是一起做的，思想也几乎是一起发展出来的。有些方面，是萨特影响了我。比如，他主要从事哲学，而我吸收了他的一些哲学思想，这方面是他影响了我。其他方面则是我影响他，如生活方式、旅行方式等。这些方面我会坚持我的想法，尤其当我们没有钱的时候：萨特喜欢旅行，但如果我不坚持，他不会委屈自己、舍弃舒适，跟我长途跋涉、露宿山野……

施瓦泽：萨特，您一般是什么反应？有没有反抗过？

萨特：没有反抗过，我做我应该做的。

波伏瓦：噢，他有自己独特的反抗方式。他求助于各种药片、药丸，或者说自己身体不舒服啦……不过一般他还是听从我的安排……还有一件事，实际上不是影响，而是我们的习惯。我们写的所有东西，都给对方看。我写的所有东西萨特都评论过，他写的几乎所有东西我也都评论过。有时候我们的意见并不完全一致。在我写某本书的过程中，萨特曾对我说，我觉得这个你完不成，算了吧……但我还是坚持写下去了。我年轻的时候对他说过，他应该从事文学，而不是哲学——但他我行我素，继续从事哲学。谢天谢地！尽管我们相互融合，但仍然彼此独立。

施瓦泽：我有些诧异你们彼此用尊称。1968年的"五月风暴"距今已五年，但某种程度上，你们已是革命运动人士，而运动人士彼此间普遍称"你"。为什么你们相互用尊称？萨特，这对您来说意味着什么？

萨特：这个嘛，并不是由我开始的，是西蒙娜·德·波伏瓦先称我为"您"的。我没办法就接受了，现在也已经习惯了。我再也做不到对她说"你"——她让我习惯了用"您"称呼她。

波伏瓦：是的，我一直很难用"你"称呼别人，我也不知道为什么。但我对父母称"你"。按理说，用"你"称呼别人本来也是可以的。我最好的朋友扎扎对自己的女朋友都称"你"，但对我用尊称。我现在对我最好的女朋友希尔维用尊称，事实上，我几乎对所有人都称"您"，只有一两个人硬让我对他们称"你"。我对萨特称"您"是多年的习惯了，因此我们当然不会为了做出革命者的样子，在1968年后就突然改口相互称"你"……

施瓦泽：根据这么多年的经验，你们是否认为自己已最大程度地——就算不是彻底地——摆脱了传统的男女关系，以及相应的性别角色的束缚？

波伏瓦：我觉得，由于我们选择的这种生活方式，我不需要经常扮演女性角色。我记得只有一次，那是在战争期间，得有个人去搞食物、弄车票，还得做做饭什么的。这些事情自然是我来做，而不是萨特。因为他什么都不会，还因为他是男人。可我也经常和一些跟他很不一样的男性打交道。曾经有一个很好的朋友，他成长的环境与萨特不同，他就经常打理家务。在几乎什么都匮乏的战争年月，我经常和他一起剥豆子、采买东西。我不认为我做这些家务活是由于我和萨特的关系，而是因为萨特不会做这些事情。不过这当然是他身为男性所受的教育的结果，这种教育让他远离家务。我记得，他只会煎蛋。

萨特：是的，差不多是这么回事。

施瓦泽：有些女性乐意看到，这个世界上至少有一个真正解放了的女人,可在您回忆录里读到的一些话,让她们大失所望……关于您和奥尔加①的关系,您说过"我很生气""很烦躁"这样的话,又说"可是萨特很喜欢她,所以我努力从他的角度去看这件事,因为,对我来说,在各方面与萨特达成和谐十分重要"。我还记得另外一件事,那时候,萨特刚从战场上回来,他对您说:"西蒙娜,现在我们应该介入政治!"然后,您写道:"于是我们就介入了政治。"

波伏瓦:我认为,我说这些话,并不是因为我是女性。我的许多男性朋友,当时也很迷茫,不知道该做什么,他们的反应和我一样,我们都很信服萨特。这正是他的诸多优点之一。他

---

① 奥尔加·科萨基维奇,波伏瓦在鲁昂中学做哲学教师时班上的俄裔学生,因迷恋波伏瓦,成为其情人。后经波伏瓦介绍,奥尔加与萨特相识,两人也成为情人。与此同时,奥尔加仍保持着与波伏瓦的关系。这种奇特的三人关系持续了两年,直至奥尔加与萨特的学生博斯特结婚,但波伏瓦与奥尔加的关系保持了很多年。

总是能看到可能性，尽管有时最后并不可行，可他毕竟让人看到了可能的希望。不只是我，当时许多年轻或同龄的朋友都追随他。他也因为经历过战俘营生活而有某种权威。所以，这并非男女间的关系问题。至于您提到的第一点：我总是需要和萨特在各方面达成和谐。这个确实如此，在重要的事情上，我认为我需要这样做。我不知道，您是否……

萨特：我也是这样，绝对的……

波伏瓦：我不相信您能容忍我们之间步调不一致。

施瓦泽：您认同这句话吗？

萨特：是的，当然。

施瓦泽：西蒙娜，您参与女权运动已经两年了。现在我想借此机会向萨特提问：您对当前独立自主的妇女解放斗争有何看法？

萨特：您说的"独立自主"是什么意思？

施瓦泽：指独立于男性的妇女组织或团体的政治斗争。

萨特：就男人和女人的关系而言，我完全同意西蒙娜的观点。但若谈到妇女组织排除男性的问题，我常常疑惑是否有这个必要。目前我觉得我说不好，因为我看到，这对女性来说是必要的。然而，我不确定这是不是正确的斗争形式，允许志同道合的男性参与会不会也很重要。

波伏瓦：可是男人永远不会完全像女人那样思考！

萨特：您一再这样告诉我！

波伏瓦：是的，没错。

萨特：同时您应该承认，在这一点上您不信任我。

波伏瓦：在理论和观念上，您完全支持妇女解放运动，即便如此，对女性提到的女性体验，您并不感同身受。有些事情，您无法理解。我和希尔维经常指责您，就是因为有些事情您根本不理解。比如，前两天爱丽丝说，在罗马街头散步，有种随时会遭到攻击的感觉——身为男人，您不会有这种经历和感受。当我告诉您这件事的时候，您说："您说的这些，我没有特别的感觉，因为我对女性从来没有攻击性行为。"说实话这个回答相当反动。您难道也会说："阶级的存在并不是什么糟糕的事，因为我，萨特，从来没有伤害过一个工人？"这种话您绝对不敢说。

萨特：可是这并不完全相同……

波伏瓦：尽管并不完全相同，但我这样说也不牵强。即使最温和友善的男人，对女性所经历的事也难以感同身受，尤其是萨特这代人，但我认识一些35岁上下的年轻男性，对同龄女性遭受的侵扰特别敏感。不过我觉得，还有一点需要提一下，我年轻时从没有受到过这样的攻击，也许是现在的男人变了。我认为，正是女性解放让他们比以前更敌视女性。比起我年轻时候的男性，现在的男性更具攻击性，更霸道、刻薄，更令人讨厌。

施瓦泽：萨特，您曾说理论上您和西蒙娜在妇女问题上观点一致。换句话说，您承认存在着由整个社会系统和男性个体施加于女性的某种压迫。如果我没记错的话，您的政治理论和实践始终站在被压迫者一方，也就是说，您永远不会去指点工人，告诉他们应该如何组织或行动。为什么涉及女性问题，您的态度就变了呢？

萨特：首先，我得说，海狸（老朋友都这样叫波伏瓦）说，因为我是男人，所以无法对女性所经历的屈辱感同身受，这是夸大其词。每当周围有女性告诉我她遭到了侵扰时，我都非常愤怒！在这方面，我有我所能获得的体验，我只是无法百分之百地获得身为女人的体验。但我有作为一个爱别人的人的体验，我认为她们遭到了屈辱的对待。关于这件事就说这么多。不过您到底要我说什么？

施瓦泽：五年来，在美国和其他欧洲国家，包括法国，出现了一些女性团体，她们加入了革命运动，自视为革命运动的一部分。她们基于自己的实际经验得出结论：有男性在场，即使他们个个温和有礼（确实有这样的男性），女性也会感到某种威胁。在男性面前，因微妙的、难以捉摸的权力结构的无所不在，女性根本做不到无视它，自由自在地表达！因此，我再说一遍，我很诧异，萨特，您对于女性要求拥有政治自主权——当然是作为过渡，而非最终目标——竟然没有想法，没有一个明确的答案。

萨特：首先，我确实认为，正如波伏瓦书中所写的那样，女性遭受着压迫，而且男性处心积虑地把女性当作"第二性"对待。我认识到，必须有这样的女性团体存在。我只是想说，在我看来，这些团体不要总找各种理由，让女性孤立行动、单独聚会或集会，而是应该允许男性参加某些会议。我认为，实际上女性——如果您不介意我这么说——是受到某种特定形式压迫的被压迫者。这和工人扯不上关系。女性和工人受压迫的形式不同，程度也不同。工人受这样的压迫，女性受那样的压迫，且女性始终受到压迫，无论是不是工人。因此，我认为，女人和男人之间的关系，或者男人和女人之间的关系，随您怎么说，实际上就是一种压迫者和被压迫者的关系。

但是我不知道，除了谴责这种状况，我还能做什么。

波伏瓦：说到这里，我得说，他在供职于《解放报》（*Libération*）的朋友中做了很多宣传工作，介绍女权运动的情况。这些朋友被他说服，接纳女性来报社工作，也开始关注妇女问题。比如，他们在堕胎问题上做了一些很有益的事情。他甚至试图让他们改掉大男子主义的毛病：他顽强地和年轻的同志的大男子主义做斗争，他们虽然是激进左派人士，但大部分人或隐或现是大男子主义者。

永恒女性是个谎言

回顾女权主义的成就,提醒女性警惕男性的反弹。关于爱与政治、母性与剥削、异性恋与同性恋以及女性天性这一谎言的对话。

施瓦泽：四年前，您首次公开宣称自己是女权主义者。身为社会理论家，您对新女权主义有着决定性影响，但在新女权运动开始之初，您还不是一名女权主义者。您那时反对独立自主的女权运动，信奉社会主义革命，您相信伴随着社会主义进程，妇女问题会迎刃而解。从那时至今，发生了很多变化：您自己积极投身到女权运动中，女性反抗压迫、争取平等的斗争已经进入公共意识。我认为，所谓的"国际妇女年"（1975）是一个标志性事件。您怎么看？

波伏瓦：经常有人问我们这些女权主义者对此有什么看法。我认为"国际妇女年"是对女性的愚弄和羞辱，接下来大概会有"国家海洋年""国际马年""国际狗年"……女性被视作物品，在这个男性主宰的世界，我们只值得被认真对待一年，超过一年的关注我们是不配的。可我们是人类的半数啊，所以，谈到以一年为期的妇女年，真是荒唐至极。应该年年都是国际妇女年，年年是国际人类年……

施瓦泽：大多数男性公然对"国际妇女年"冷嘲热讽，这明显违背了发起者的初衷，但也让一些女性出离愤怒，您不觉得这反而激起女性的斗志，斗争力量因此得到壮大吗？

波伏瓦：我认为，这并不能归功于"国际妇女年"，而是女性不懈奋斗、推动女权运动的结果，是那些不属于任何组织的非官方女性的功劳。"国际妇女年"的出现，是因为先有了女权运动。可以说，它只是鸠占鹊巢，目的是平息女权运动风潮。"国际妇女年"本身并没有助力我们的斗争。去墨西哥参加世界妇女大会的女性，不过是男权政治的傀儡。这一点通过以色列妇女代表和阿拉伯国家妇女代表之间的冲突，暴露得一览无余。双方都有极重的父权观念，而就这点来说，比起信奉犹太教的以色列，伊斯兰国家显然更为严重。

施瓦泽：尽管如此，是否可以说，"国际妇女年"还是让人有所获益？

波伏瓦：当然。从根本上说，再糟糕的改革举措也会起到一些作用，但也会有风险。法国新通过的堕胎法案就是最好的例子。出台该法案只是为了对我们的斗争有所回应，而这个法案很不尽如人意（法国1975年通过了堕胎自由法案，孕期十周内的女性享有堕胎权）。法案操盘手吉斯卡尔·德斯坦①先生想展现其现代改革家的做派,于是他不打击实际的特权,只稍稍触碰一下禁忌,结果这项措施根本没有带来任何实质性变化,倒是与资本主义和父权世界高度契合(日本和美国也有允许女性自由堕胎的法案,足以证明)。不过,从另一方面来说,这样的改革也不容低估,它能缓解很多女性面临的迫在眉睫的实际问题,总归是一个开始。就像避孕药一样,避孕药也会损害女性健康,加重女性单方面的避孕责任,因此是一把双刃剑。堕胎法案也可能会像避孕药一样,成为一把双刃剑。在一个男性主导的世界,任何改变原则上必须预料到男性的反弹。他们会利用这项法案,施加另一重压迫。他们会说:"既然没有危险了,你就从了我吧,到时候你只需要去堕个胎就是了……"

---

① 吉斯卡尔·德斯坦(Valéry Giscard d'Estaing,1926—2020),法国前总统(1974—1981),因主持起草《欧盟宪法条约》而被誉为"欧盟宪法之父",还被称为"现代欧元之父"。

施瓦泽：1971年，您和若干女性一起公开承认堕过胎。此后，您响应和参与了许多女权主义者的倡议和行动。能否谈谈您和年轻的女权主义者之间的关系？

波伏瓦：我和她们个人有联系，一般是关系亲近、政治观念相近的人，与她们的各类团体或派别较少接触。我和她们一起做一些具体项目。这么说吧，我不是狭义上的好战分子，毕竟我已经67岁了，不再是30岁的年纪；我是知识分子，对知识分子来说，话语即行动，不过我密切关注女权运动的各项进展，并全力以赴给予支持。比如，我们在《摩登时代》（*Les Temps Modernes*）杂志定期推出一个"日常生活中的性别歧视"版面。此外，我还担任"妇女权利联盟"主席，尝试为被家暴女性建立庇护所。我认为这项行动非常重要，因为暴力问题与所有女性有关，和堕胎问题一样，它关系到所有阶层的女性。无论丈夫从事什么职业，是法官还是工人，当妻子的都可能会遭到他们的殴打。我们建立了一个"被家暴女性救助中心"。我们设法找房子，给被家暴女性和她们的孩子住，起码让她们有个临时的栖身之所。很多女性遭到毒打，有家难回，因为回去还会被暴打，甚至常常被殴打致死。费了很大周折，我们终于在巴黎附近找到了一间用作庇护所的房子，是一个社区提供的……

施瓦泽：西蒙娜，作为社会理论家，您给女权主义者很多启迪。您是否从她们身上也学到了些什么？

波伏瓦：是的！我学到了很多！受她们影响，我的很多观点变得激进了！我以前生活在一个男性一向是压迫者的世界，对很多现象已经见怪不怪。我自己几乎没有尝过被压迫的滋味。我逃脱了大部分苦役一样的女性典型职责。我从未做过母亲，从未做过家庭主妇。在职业上，我属于特权阶层。我年轻的时候哲学教师中很少有女性，因此我作为哲学教师能得到男性的认可。我是女性中的特例，我接受了这一点。今天，女权主义者拒绝成为象征性点缀。她们这样做是对的！必须战斗！她们教给我的很重要的一件事，就是始终保持警惕；什么都不能放过，哪怕是平常小事，像我们习以为常的日常性别歧视，统统不放过。性别歧视无所不在，甚至从语言上就已开始。

施瓦泽：《第二性》可以说是女权主义"圣经"（仅在美国就售出了超过100万册）。这部著作原本是纯学术性和理论性的，并非论辩性的。1949年出版时，人们的反应究竟如何？

波伏瓦：非常激烈，对我群起而攻之，极为仇恨。

施瓦泽：这些反对声从何而来？

波伏瓦：攻击来自四面八方。书出版前，我们先在《摩登时代》杂志刊登了有关"性"的章节，也许这么做欠妥。文章刊出后，对我的攻击纷至沓来！有的相当粗野下流……比如，莫里亚克①立刻写信给我们在《摩登时代》杂志的同人："呃，我刚才读文章，了解到一些有关你们上司阴道的事情……" 当时还是朋友的加缪甚至说："你简直让法国男人成了笑柄！" 有的教授索性呼啦啦把书扔出教室，说是实在读不下去。由于我穿着打扮一向比较有"女人味"，所以每次我一走进餐馆，人们就立刻盯住我并开始窃窃私语："啊，就是她呀……我还以为……看来她两样都行啦……"当时有传言说我是女同性恋。就是这样，在人们心里，一个女人敢于说出这样的话，她就不可能是"正常"的。连共产主

---

① 弗朗索瓦·莫里亚克（François Mauriac，1885—1970），法国小说家，1952 年诺贝尔文学奖获得者，主要作品有《爱的荒漠》（*Le Désert de l'amour*）、《蝮蛇结》（*Le Noeud de vipères*）、《给麻风病患者的吻》（*Le Baiser au lépreux*）等。

义者也对我恶言相向，骂我是"小资产阶级"，他们声称："你说的那些东西，比扬古的女工们只会嗤之以鼻。"其实并不是这样！所以，当时无论左派还是右派都不支持我。

施瓦泽：更过分的是，有些人说书根本不是您自己写的，而是萨特写的。总之，在男性主导的舆论场中，您自己也始终是《第二性》中所分析的"相对的存在"。您作为女人，从来不是一个自主的存在，而是相对于男人的存在，也就是说，您是"萨特的伴侣"，反之，若称萨特为"波伏瓦的伴侣"——则是不可想象的！

波伏瓦：确实是这样。尤其在法国国内，男人疯狂发泄愤怒。在国外情况要好一些，毕竟容忍一个外国作家容易一些，因为距离遥远，威胁较小。

施瓦泽：左派和女权主义者之间的关系没

有改善。相反，甚至可以说更糟了。大部分左派同志已深深内化了他们的"优越情结"（您有一次也用了这个词），以至于他们通常将一直视自己为左派的一部分女权主义者污蔑为"资产阶级""反动分子"。他们称性别矛盾只是"次要矛盾"，阶级斗争才是"主要矛盾"，强调性别矛盾只会分裂工人阶级队伍。

波伏瓦：可怜的女孩对此几乎无计可施。那些左派，他们是同志，但也是帕夏，大男子主义是流淌在他们血液里的……次要矛盾之说，又是男人耍的一个高明的把戏。性别矛盾和任何其他矛盾一样，是根本矛盾。毕竟，这是一半人类对抗另一半人类。性别矛盾和阶级矛盾同样重要。这非常复杂，女权运动需要找到两者之间的关联。总的来说，我必须指出，阶级斗争优先的观念越来越值得怀疑，左派同样也面临这个问题。如今有很多突破了阶级斗争框架的革命斗争，比如，客籍工人的斗争，地区争取自治的斗争，青年运动和法国军营中士兵的斗争。在所有这些斗争中，妇女斗争占据着特殊位置，因为妇女斗争不分阶层。当然，女性受到的压迫因所属阶层不同，形式也不同。有的女性受到双重压迫，在工厂作为工人受压迫，在家作为妻子操劳家事又受一重压迫。其他女性只受到一重压迫，即作为妻子和母亲所受的压迫。即使中产家庭的女主人，也绝不会像丈夫那样高枕无忧。她们一旦被丈夫抛弃，会迅速沦落为无产阶级，陷入没有工作、一无所长、一文不名的境地……否认性别矛盾是男人的伎俩，如此一来，所有的斗争就成了男人之间的事，因为阶级斗争是男人内部的斗争！女人，男人的宝贝儿，至多偶尔在边上帮帮忙，随后就被赶回厨房继续面对柴米油盐去了。

施瓦泽：在您看来，与资本主义国家相比，社会主义国家的女性的境况是差不多、更好，还是更糟？

波伏瓦：首先我必须说，社会主义国家并不是真正的社会主义。马克思所梦想的社会主义从未在任何地方得到实现。他们改变了生产关系，但今天我们知道，仅仅改变生产关系不足以真正地改造社会、改造人。尽管经济制度不同，但传统的性别角色分工仍然存在。不过，我也并不认为社会主义国家的女性的处境更糟。相反，那里的女性更受尊重，也更自重。因为95%的女性都在外工作，她们都鄙视不外出工作的女性。因为她们经济独立，在结婚、离婚或非婚生子等问题上较容易应付，或有更多余地和出路。作为职业女性，她们可以涉足很多有趣、有声望的工作领域，但是她们仍然要承担所谓的"女性职责"。比如，在苏联，一位女性领导下班后要去商店排队给丈夫和孩子买食物。因此，社会主义国家的女性更辛苦，比资本主义国家的女性还要辛苦，只是她们更受重视。她们有权享受一部分"男性"特权，但要尽全部的"女性"职责。

施瓦泽：您认为，社会主义国家有开展女权运动的必要吗？

波伏瓦：那是当然！不过能否开展得起来……我说不好。我觉得，社会主义国家可能很难接受女权运动，因为在那里权力也掌握在男人手中。

施瓦泽：我们再说回人们对您作品的反应。我知道，30年来，您每天都收到世界各地女性给您写来的信件。西蒙娜，对很多女性来说，在女性联合起来进行斗争之前，您就已经成为她们的偶像，直到今天，您仍然是女性叛逆与抗争的化身。显然，这不仅因为您的作品对女性境况有着深刻透彻的理论分析，也和您的自传体小说有关。您的这些小说展现了一个敢于彰显自我存在的女性。我想知道，从这么多女性的反馈中，您对女性处境是否有了新的认识？

波伏瓦：有的。读了这些信我才知道，女性受到的压迫如此之沉重！有的女性告诉我，她们真的被丈夫囚禁起来！而且这样的情况并不少见！她们都是趁着丈夫还没回来，偷偷写信给我……最引起我注意的是那些35～45岁的已婚女性，她们也有过美好的婚姻生活，而后却遭背叛、被出卖……她们问我："我该怎么办呢？我连一份工作也没有，我什么都没有，什么都不是。"女性在18岁、20岁的年纪因为爱情结了婚，到了30岁幡然醒悟，再想走出来，非常非常难。这种事本来也可能发生在我身上，因此我对这种情况非常敏感。

施瓦泽：给别人建议不是一件容易的事，但假如有女性想听听您的建议……

波伏瓦：我认为，女性应该避免陷入母职和婚姻的陷阱！即使想要孩子，也应该考虑清楚，在什么条件下抚养孩子长大。如今做母亲真是像做奴隶一样的苦役。做父亲的和整个社会把养育子女的责任几乎全推给做母亲的。当孩子还小的时候,是母亲不得不放下工作在家照顾;当孩子得了麻疹,是母亲不得不请假看护;由于托儿所数量太少,是母亲奔波劳碌……女性如果非想要孩子,可以只要孩子,千万别结婚。因为婚姻是最大的陷阱。

施瓦泽:但是,已经步入婚姻或是已经做了母亲的女性又该如何?

波伏瓦:在我们四年前的访谈中我说过,对一个35岁的家庭妇女来说,没有什么出路和希望了。后来我收到很多女性友善的来信,她们说:"根本不是您说的那样!我们不是光逆来顺受,也会努力抗争!"这样当然更好。无论如何,她们得设法找一份有薪酬的工作,这样才能拥有一定程度的独立和自主。

施瓦泽：那家务活呢？在家务和育儿方面，女性是不是应该拒绝比丈夫多做？

波伏瓦：是的，但这样还不够。从长远来看，必须寻求其他解决方案。家务劳动不能全部由女性承担，应该共同分担。而且，有一点非常重要，就是必须让家务劳动者摆脱与外界隔离的状态！我指的不是像苏联某个时期采用的那种劳动社会化方式，即由特别小组专做家务。我认为这种做法风险很大，因为这会使劳动分工更加细化和固化，会有人一辈子光扫地或光熨衣服。这不是一个解决办法。好像中国有些地区采用了一种方式，我觉得这种办法很好，即所有人，男人、女人、儿童在某一天聚在一起共同做家务，把家务劳动变成公共活动，大家干起来其乐融融。例如，所有人在某个特定的时间一起洗衣服或打扫卫生。实际上，没有任何工作是没有尊严的，所有工作都具有同样的价值，让人没有尊严的是整个工作条件。擦窗户有何不可？那和打字一样有价值。让人没有尊严的是在孤单、无聊、没有产出、无法融入集体的条件下擦窗户。因此，该指摘的不是工作本身，而是工作条件和方式，以及男主外、女主内这种角色分工！所有工作都应该是在不孤单、不与外界隔离的条件下共同分担的工作！

施瓦泽：在一些妇女运动和政党派别中，有些人士呼吁给家庭主妇发工资……

波伏瓦：我坚决反对！好吧，可能因年龄太大没有其他出路的家庭主妇会很乐意拿工资。但从长远来看，这将强化女性的认识，认为家庭主妇是一种职业，是一种可接受的生活方式。但如果女性想成为完整的人，恰恰必须拒绝被捆绑在家庭主妇和母亲这两个角色上，拒绝这种男主外、女主内的家庭角色分工！

施瓦泽：有些女性辩解说，通过呼吁"为家务劳动支付报酬",能让人们认识到家务劳动是有价值的。

波伏瓦：我同意！但在我看来，这样做并不能达到目的！应当改变家务劳动的条件。目前的情况是，家务劳动的价值与家庭主妇所处的环境密切相关，因此即使有报酬，也不会带来根本性改变。家务劳动必须由男性来分担，家务不应是女性与外界隔离、孤单一人进行的私人劳动，应该纳入社区和集体，大家共同来做。必须打破禁锢女性的家庭牢笼！

施瓦泽：西蒙娜，您个人没有这方面的困扰。您没有孩子，也不和萨特同住，因此您从来没有为一个家庭或一个男人操持过家务。由于对母职所持的态度，您经常受到攻击，包括来自女性的攻击。她们指责说，您反对别人成为母亲。

波伏瓦：哦，不是的！我并不反对别人成为母亲！我反对要求所有女性都成为母亲的意识形态，以及女性就该扮演母亲角色的环境。对女性来说，母亲角色是个可怕的陷阱。因此，我会建议年轻女性不要成为母亲。此外，还有一种对母子关系的过度神化。有的人特别看重拥有家庭和儿女，那是因为她们的生活太寂寞。没有爱，没有温暖，没有朋友，孤单一人，形影相吊。因此她们要生孩子，以便有人陪伴。这样非常不好，对孩子也不负责任，因为如此一来，孩子就成了填补大人生活虚空的工具。然而孩子一旦长大就会离巢。这根本无济于事，不能保证永远不孤独。

施瓦泽：经常有人问您，您现在是否后悔没生孩子？

波伏瓦：哦，不！我每天都觉得自己没生孩子实在是三生有幸！看看那些当了祖母的人吧，本来终于有时间可以为自己而活，却又不得不去照看孙辈……带孩子可不总是让人甘之如饴……

施瓦泽：还有一个问题，在您看来，"性"在女性受压迫中扮演了什么样的角色？

波伏瓦：我认为，"性"在有些情况下会是一个相当可怕的陷阱。这不仅是对那些变得性冷淡的女人而言，因为性冷淡也许并不是最糟糕的。最糟糕的是，有些女性不幸体验到与男人的"性"的愉悦，以至于她们或多或少会养成对男人的依附。这种依附意味着，那条把女人捆绑在男人身上的锁链又多了一节。

施瓦泽：如果我没理解错的话，在支配与服从的男女权力关系中，您似乎认为性冷淡或许是一种更谨慎、适当的反应，因为它反映了女性的无力和不适感，并且能使女性对男性的依附减弱。

波伏瓦：是这样。

施瓦泽：参与女权运动的一些女性，拒绝

在这个男性主导的世界中与男人分享她们的私人生活，她们不要和男人有性或情感上的关系。换言之，这些女性视女同性恋身份为一种政治策略。您怎么看？

波伏瓦：我非常理解这种拒不妥协的政治抗拒态度。理由我前面提到过，因为爱情可能会成为一个陷阱，使女性在很多事情上屈就顺从。在爱的名义下，女性被羞辱、被剥削、任人宰割。但是从根本而言，排他性同性恋和异性恋一样狭隘。理想的情况是，能像爱男人一样爱一个女人，就是单纯把对方当作一个人去爱，没有恐惧，没有压力，且不是出于义务。然而，就今天的情形而言，我十分理解女性在这方面表现出的极大不信任，因此她们才选择成为同性恋。这不但是对男人的不信任，也是对自己的不信任。因为在男女关系中，男性扮演"大男人"和压迫者的角色是问题的一方面；另一方面，也常有女性沦为自愿受虐型人格而无法自拔。

施瓦泽：您有一句名言："女人不是天生的，而是后天形成的。" 对性别的这种"塑造"现在可以被证实。塑造的结果是，女人和男人有了巨大的不同：思维方式不同，对事物的感受不同，连走路的样子也不同……但这种差异不单纯是差异，还蕴含着女人低人一等的意味。所谓的"男性"特质意味着支配，"女性"特质意味着被支配，都非偶然，因为女性特质更易造成女性受剥削。在这种情况下，神化女性特质的"永恒女性"论调又抬头，值得注意。

波伏瓦："女性"特质一定是存在的。女人没有男人的一些通病。比如，男人的种种荒唐可笑：他们神气活现的样子，他们爱慕虚荣、自命不凡的做派。诚然，像男人一样拼事业的女人，也容易沾染这些毛病。但她们有那么一丝幽默感，会与这种权力等级保持适当的距离。而且，女人通常不会去做搞垮竞争对手这种事。此外，她们更能忍耐——当然，适度忍耐是优点，忍耐过度就是缺点了。还有，女人爱说反话！她们言不由衷，因为她们受日常生活中根深蒂固的性别角色的束缚。因此，这些"女性"特质并非与生俱来，而是遭受压迫的结果。但我们获得解放后，也仍然可以保持这些特质，而且男性也应该学习这些特质。不过，我们不能走向另一个极端：认为女性与自然更亲近，女性身体能与月亮、潮汐同频共振，女性拥有更丰富的灵魂，天生不太具有破坏性……不是的！这些说法有些道理，但这并非我们的天性，而是生活环境和条件造成的。这种"女性化"的小女孩是被塑造的，而非天生的！大量研究已经证明了这一点！一个女人并不因为是女人而天然具有特别的价值！反之，就是阴险的生物决定论，与我的所有思想背道而驰。

施瓦泽：那么，呼唤"女性天性"回归意味着什么呢？

波伏瓦：如果男人告诉我们："乖乖地做女人吧，把权力、荣誉、事业，所有这些烦人的事情都交给我们吧，安于你们的现状：脚踏实地，专注于人类的使命……"如果他们这样说，我们就该警惕了！一方面，女性不再为身体、怀孕和月经感到羞耻；女性通过类似自助小组这种方式，认识自己的身体，我觉得很棒，这都是很好的事情。另一方面，我们不应把女性天性看作一种价值；不应认为，女性身体会赋予我们一种看世界的新视角，那将是可笑和荒谬的。如此看问题的女性又陷入了非理性、神秘主义、宇宙万物一体的观念中。这是在玩男人的把戏，因为这会使男人更理所当然地压迫女人，更顺理成章地让女人远离知识和权力。"永恒女性"是个谎言，因为在人的发展中，自然只起到微不足道的作用，我们是社会性生物。另外，我认为，女性天生不比男性低下，所以我也不认为女性天生比男性优越。

当人老了,糟糕的是,
仍觉得年轻

1978年波伏瓦70岁生日之际与她的对谈,谈论她的晚年、成就和遗憾,以及她所屈从的禁忌。

施瓦泽：您在《第二性》中分析了女性的处境，又在《论老年》中分析了老年人的处境。今天您自己也步入了70岁。感觉如何，西蒙娜？

波伏瓦：感觉一如往常。

施瓦泽：和往常一样？

波伏瓦：并不因为今天我70岁了，它就和别的日子有什么不同。当然，70岁生日是个整寿，但它并不比69岁、68岁或60岁生日更重要……早在若干年前，我就已感到年华不再。我50岁的时候，听到年轻女孩议论我："哎呀，波伏瓦这么老了呀？"或直截了当地对我说："天哪，您让我想起了我的母亲……"那时听到这些话我是震惊的。现在我70岁了，在过去20年里已经习惯了不再年轻，也不再认为自己年轻。另外，我不太关注个人的外在形象，也很少考虑自己的事，而是更关注我周围的人和事，以及手头该做的事情。我并不太在意年龄带来的变化。

施瓦泽：看了您早年的照片，读了您的回忆录，我也有这种印象：如果真有所谓的年龄冲击，那么它更可能发生在您50多岁的时候……

波伏瓦：确实是这样。那也是法国历史的黑暗时刻。那时正值阿尔及利亚独立战争时期，事情的发展对我冲击很大。我绝望得整夜哭泣，泪湿枕被。我想，自己老之将至，而目之所及，政治前景一片暗淡，所有这些致使一些事情走向悲哀和幻灭的终局。不过，自那以后，我也就见怪不怪了。

施瓦泽：那时，您因为承认自己对某些状况无可奈何的心境，加之您的那句"我被骗了"（J'ai été flouée）而受到了猛烈攻击，尤其是来自女性的。因为作为《第二性》的作者和妇女解放的象征，在女性眼中，您也成了职业乐观主义者，她们认为所有女性今天难以实现和达成的，都应该由您来实现和达成。您在《论老年》一书中表达了不同意见，您写道："我拒绝被我的固化形象异化。"还说，对您而言，个人自由高于政治兴趣。

波伏瓦：是的。这对我来说也非常重要。

施瓦泽：《论老年》一书也谈到人们希望老年人沉稳庄重，保持老年人的所谓尊严，这和要求女性恪守妇道如出一辙。这种社会期待压抑人的激情和兴趣，也不允许反抗。从这个意义上说，西蒙娜，您自己其实是一个相当"不庄重的老妇人"……

波伏瓦：是的，但我一直都是这样的。我想到什么，或被什么吸引，就去做，而不是压抑自己。因此，我今天也没有什么需要去弥补的。

施瓦泽：如果重写回忆录，有什么事情是您不曾写过，而今天会吐露的呢？

波伏瓦：有的。我会对自己的性生活做一个绝对诚实的回顾，从女权主义立场出发来予以记述。我会原原本本地向女性讲述自己所经历的性，因为这不仅是个人问题，也是一个政治问题。我以前没写这方面的事情，因为我那时对这个问题的重要性，尤其是主观诚实的重要性，理解得还不到位，这是我从年轻的女权主义者那里学到的。但这些事情大概我今天不会去写了，因为这种坦露不仅涉及我个人，也会影响与我关系密切的一些人。

施瓦泽：性对于老年人也是禁忌，您在您的作品中讲得很明白。您是如何处理这个问题的？您晚年屈服于这种禁忌了吗？

波伏瓦：在这方面，我的精神一直屈服于这种禁忌——我的精神比肉体强大。对我来说，一旦没有了实质性的性关系，性的欲望就戛然而止。实际上，我从来只在有交往对象且有可能实现的情况下才会有那方面的需求。我只在12岁，相当小的年纪，体验过性欲莫名袭来的时刻。那时的欲望如此强烈，想到要等到15岁才能结婚（我当然只能想象婚姻里的性生活），我就觉得难以忍受。自那以后，对我而言，性总是与充满激情的爱联系在一起。如果我愿意进入一段爱情关系，我会有性感觉；如果我不愿意，就不会有性欲。

施瓦泽：过去的20年，您还和以前一样有"愿意"的状态吗？

波伏瓦：噢，没有。那种事情完全消失了。我身体里的一些东西已经死去。谢天谢地。我不觉得，那些仍为性欲而狂的老年妇女有什么不好，但我认为，她们在我们的社会中会非常非常煎熬……

施瓦泽：在《论老年》中，您多次谈到对衰老的身体的厌恶。您对自己的身体是否也感到厌恶？

波伏瓦：您知道，我从来不是很自恋。我没有特别喜欢过自己的身体，当然，随着年龄的增长，就更谈不上有多喜欢了。

施瓦泽：您一向是个美丽的女人，按照男人的标准您也是。皱纹爬上脸庞让您感到烦恼吗？

波伏瓦：我从来没有太仰仗美貌。我三四十岁的时候，有时候对镜自照，会发现自己的容貌还不错。但我从没有像我认识（也很尊敬和喜欢）的一些女人那样，认为美貌就是一切，这让她们很难接受自己容颜老去。对我来说，头脑和才智最重要，其他都是次要的。不过，我当然还蛮喜欢自己的样子，我曾把自己50岁和40岁的面容做比较，结果当然让人扫兴。不过，这早就不是个问题了。

施瓦泽：在《论老年》中，您描述了老年人所处的客观状态和主观感受之间的矛盾。这种矛盾不仅有社会原因，还有生物学原因。您说："年老的躯体包裹着年轻的心。"

波伏瓦：萨特称老年是"无法真实感受的状态",这个说法很贴切。所谓"无法真实感受的状态"就是在别人那里存在,但对自己而言不存在。我睡觉,我醒来,我走来走去,我看书。做这些事情的时候,我从来不去想我老了。我感觉不到年龄。当然,在25岁、35岁、45岁的时候,我确实曾想:我开始变老了。现在,年迈的感觉当然体现在生活习惯和身体各方面,如影随形,我也已经习以为常,但我就是感受不到自己是个老人。科克托[①]曾说:"当人老了,糟糕的是,仍觉得年轻。"

施瓦泽：您现在的日常生活和过去有什么不同吗?

波伏瓦：我觉得精力不济了,不像以前那样不知疲倦,对自己要求没那么高了。这是年老

---

① 让·科克托(Jean Cocteau,1889—1963),法国电影制作人、导演和诗人。

的坏处，但也有好处，就是我有了更多闲暇。30岁的时候，早上一睁眼，我就马不停蹄地工作和忙碌。我写作，除了写作，还做很多其他的事情，一刻也不得闲。现在我更从容淡定。我读书，做一些真正让自己感到快乐的事。我也更注意节省体力，也不像以前那样出去熬夜喝酒狂欢——那样的话，第二天身体会很难受……我喜欢这种安闲自在，同时又感到遗憾，因为为未来不懈奋斗，意味着未来还有你的一席之地。在我看来，人生最辉煌的阶段是30岁到50岁或60岁，这个阶段你已站稳脚跟，也不再有家庭羁绊、事业压力这些年轻时候的烦扰，此时你自由如风，未来可期。但是，老年，这是从无限步入有限。老年人不再有未来——这是最糟糕的。

施瓦泽：您已著作等身，成就令人瞩目，您的成就能缓解您衰老的焦虑吗？

波伏瓦：当然。不仅能缓解，很大程度上也让我不再焦虑。我告诉自己，我可以再写一两本书。但无论写什么已无关紧要了，我的核心作品是《第二性》、《名士风流》（*Les Mandarins*）、《一个规矩女孩的回忆》（*Mémoires d'une jeune fille rangée*）。最重要的作品我已经写出来了，以后不会再有大作了。

施瓦泽：您现在对什么事情比较感兴趣，还有什么项目？

波伏瓦：目前在做的事情我很有兴趣，也颇乐在其中，是以前不曾尝试的，就是把我的书改编成电影。这也不是什么新东西，只是把我的书以一种新的形式呈现给大家。我参与了我的小说《筋疲力尽的女人》（*La Femme Ropue*）的电影改编工作，这部电影很快将在法国的电视上播映。我的小说《美丽的形象》（*Les Belles Images*）的电影改编也在计划中，或许也会改编《名士风流》。我感到需要重新认识自己的作品，将作品改编成电影，能让它们走进那些没有读书习惯、只看电视的人的生活，这点很重要。这是我目前在做的项目。也许两年后，我会做完全不同的事情……如果现在三四十岁的话，我可能会研究精神分析理论。真的。我不会从弗洛伊德的立场出发，而是从女权主义立场出发，简言之，从女性视角而不是男性视角出发！但是我没有那么多时间。别的女性真应该去做这件事。

施瓦泽：我想把话题再回到《论老年》这部作品。写这本书的时候您恰好60岁，正步入老年。您在书中描述了若干女性作家和艺术家如何面对晚年。您是否想通过这种调查来证实您在这方面的一些分析和预测？

波伏瓦：不完全是这样。应该这么说，我对这项调查本身也很感兴趣，因为我自己也正步入老年。但让我感兴趣的主要还是老年作为一种社会现象——当时这已是热门话题。人们现在活得更长久，而老年人的经济和社会状况堪忧。通过做社会救助工作或其他类似工作的女性朋友，我对老年人的境况有近距离的了解和真切的感受。我对老年人充满同情和怜悯，我想谈论这个话题。同时我尤为关注与我同一个圈子的知识分子和作家如何面对和度过自己的暮年。这也是写《论老年》一书最让我感到饶有兴味的地方：了解老年人对自己人生迟暮有怎样的思想活动。

施瓦泽：您对老年做了面面俱到的记录和鞭辟入里的分析，这对您自己的生活有影响吗？

波伏瓦：没有影响。

施瓦泽：这倒着实让我诧异。人一旦意识到自己的状况，一般会引起一些变化。意识到自己处境的女性，也确实会有变化。有些事情变得容易，因为你知道有女性困境的不是自己一个人，对问题的理解更加深刻；有些事情反而更难了，因为看得太透了。

波伏瓦：没有，我自己的老年确实不是这种情况。什么都比不上切身的生活经验。写了一部谈论老年主题的理论性作品，既没有让我垂头丧气，也没有让我欢欣鼓舞。也许是旁观者清吧，从别人身上较易看到某些特征。要说我自己的状况？两年前我得了风湿病，严重到无法下床行走。自那以后，我知道，我不能再像以前那样毫不费力地上下楼了，再不能到山里去长途徒步了。这是真的。但我不需要写《论老年》这样一本书，来断言类似的身体衰弱和年老有一定的关系。

施瓦泽：贫穷是老年人最悲惨的境遇之一，您免受贫困之苦。您在很多方面都是优越的……

波伏瓦：确实如此……

施瓦泽：除了身体的衰老，还有其他一些老年问题是您幸免的，比如孤独……

波伏瓦：是的，绝对是这样。我朋友很多，也和一些人有非常亲密的关系。我的挚友不太多，因为我不想要太多，我想在情感上做到平衡，当别人投我以桃，我得有能力报之以李。对我来说，有三五至交足矣，我很少孤单，或者说，我独处的时间不是太多而是太少。即使挚友当中两三人同时离世，也会有人陪伴我左右。不，到我生命终结，我都不会是孑然一身。

施瓦泽：人们常常预言，没结婚、没孩子的您晚景一定孤独凄凉。

波伏瓦：是有这样的预言，这是若干关于我的没有实现的预言之一。

施瓦泽：除萨特外，现在和您最亲近的人是35岁的研究员希尔维·勒邦，你们保持亲密关系多年了。希尔维是不是有点像您的代理女儿？

波伏瓦：这不可能的。

施瓦泽：为什么不可能呢？

波伏瓦：母女关系十有八九都非常糟糕。一个女人不可能同时扮演两种角色，既是母亲又是朋友。这是一种自相矛盾，不仅因为孩子对母亲有着天然依赖，也因为母职给女人带来的巨大挫败感：一方面，因为母亲角色，做母亲的有时难免对孩子粗暴严苛；另一方面，母亲会把孩子工具化，试图把自己的一切寄托在孩子身上。另外，孩子也不想永远蜷缩在同一个子宫里。举目望去，我周围的母女关系无一例外都很压抑。

施瓦泽：那您和希尔维的关系呢？

波伏瓦：这是另一回事。我们在成年后相识，自愿选择了对方。我们之间产生了深刻的理解和默契。她的年轻也感染了我，让我恢复了活力，这是真的。但这并不是自私自利，我们关系的背后没有算计。

施瓦泽：您认为衰老对女性的影响比对男性更大吗？

波伏瓦：不，恰恰相反。因为大多数女性从未身居高位，所以她们也不会跌落太狠。但是，那些权力在握、责任重大——情况往往确实如此——自命不凡的男人，当他们进入迟暮之年，那才真叫悲惨！那是一种真正的生活断裂。老年学家跟我讲过，来找她们的五十多岁的男人个个意志消沉、心灰意懒。他们无法接受被自己的儿子取代，而女人则没有这种失落。并不是说女性现在过得有多好，而是说在这种情况下，女性拥有更多摆脱其处境的可能性。女性年轻时就没权没地位，年老后突然面对丧失了权力的丈夫，不少女性实现了地位大翻转，至少在自己家里。这我非常理解。

施瓦泽：男人的这种情况，是否也因为他们终生都处在竞争和敌对关系中，一直在战斗，一旦被击垮，他们受到的打击也是双倍的？

波伏瓦：确实是这样。男人没有别的选择。相比之下，女人步入老年后，仍然可以在家庭中发光发热。她们照看孙辈，织毛衣，手头有事可做。虽然事情微不足道，但她们本也锅碗瓢盆地操劳了一辈子，终归聊胜于无……这让女性能比较平顺地度过晚年。对男性来说，职业生涯的终结是可怕的。对于女性，晚年的物质困境更为突出。这是步入老年后男女各自面临的最可怕的境况。

施瓦泽：您本人更像是居于一个男性处境，

而且特别优越。您举世闻名,您的作品和生活对许多女性的意识觉醒和解放起了至关重要的作用,您受到成千上百万女性的热爱和景仰,这对您的私人生活有影响吗?

波伏瓦:没有影响。声名在外的西蒙娜·德·波伏瓦是别人眼中的我。对我自己来说,这是不可理解的。诚然,我收到了很多支持我的读者的来信,但有时我也会遭到年轻女权主义者的攻击,她们认为西蒙娜·德·波伏瓦的女权主义已经过时了……

施瓦泽:过去播下的反权威的种子在发芽,您和萨特也是播种人……

波伏瓦:是的。我认为这太正常了,质疑权威是好事。再者,现在也有其他的事情亟待去做,而不是再去写一本《第二性》这样的书。不过,这部作品作为女权主义运动的理论基础依然有其价值。迄今为止,在这个领域还没有出现更好的作品,我若不承认这一点,那是假谦虚。即使今天的一些女权主义者(如费尔斯通或米利特)对具体问题的分析已经超出了这本书的分析框架,她们阐发的也都是基于《第二性》提出的理念。

和他不一样,我充满激情

1982年,萨特去世两年后,两位女性就一些私密话题进行了一次访谈,内容涉及创造力、爱情、激情、忠诚、尊严、男性气质与女性气质。

施瓦泽：《告别的仪式》(*La Cérémonie des adieux*)德文版现已面世,您在法国整理的萨特书信也即将出版。我们来聊聊您和萨特的关系,对于几代人来说,你们的关系一直是,或许现在仍然是"开放式爱情"的典范。从这两本书中,人们将会了解到什么新的内容呢,关于他,或者关于你们俩的?

波伏瓦：人们会发现,我们的关系既温情脉脉又轻松愉快,无论在智识上还是情感上,我们都相互信任。这可从萨特当战俘时（他当时条件不错，竟然有台打字机）写给我的信中可见一斑。他曾给《自由之路（第1卷）：不惑之年》（*Les Chemins de la liberté, tome 1 : L'age de raison*）写了篇序言，他很重视这篇序。但听了我的批评后，他把它撕成了碎片，甚至自那以后，将其抛诸脑后再也不曾提起。在这些信件中，人们能看到我作为批评者对他的影响，以及他作为批评者对我的影响。灵感对我们每个人来说都是个人的事情，但当要把灵感诉诸笔端时，我们都非常愿意接受对方的批评。从这些信中还能看到，他在感情生活上完全信任我，因为他会把他和别人的事巨细无遗地讲给我听。比如，他和万达①的事，他每天都会讲给我听，他的感受，他的低落，他的激情……

施瓦泽：……不会感到很受伤吗？

---

① 万达·科萨基维奇，奥尔加的妹妹，也是萨特的情人。

波伏瓦：不会。我们完完全全信任彼此。两人都知道，对方是自己生命中最重要的人——无论发生什么。

施瓦泽：您从没有怀疑过？

波伏瓦：只有过一次。我在我的回忆录中讲了这件事。我有过一刹那的怀疑，因为我不认识那个女人……那个女人是多洛雷斯[①]，我在回忆录中称她为M。那是发生在1944—1945年的美国的事。那是纵情狂欢的战后时期。那时每每谈到她，他言语间总是情意绵绵、钦佩有加，这让我有一瞬间禁不住怀疑：难道对于他，她比我更亲？我直接向萨特提出这个问题，他回答说："现在和我在一起的是您！"

施瓦泽：你们从不曾质疑彼此的优先地

---

① 多洛雷斯·瓦内蒂，法裔美国人，萨特的情人之一。

位吗？

波伏瓦：从不。也许因为萨特十分骄傲，笃定没有任何一个男人能真正与他竞争……

施瓦泽：最迟要到《告别的仪式》一书出版，人们读了书中的内容后才恍然大悟：性，确切地说，性行为对萨特来说并不太重要。我猜测，你们的关系从一开始就没有太大的依赖性。这算是好事吗？这至少可以排除身体上的嫉妒。当性吸引力减退，要重新调整自己的角色和彼此的关系时，如何疏解其中的痛苦？

波伏瓦：也许吧……还有一点就是，我们在智识方面都极其自信，相信自己在对方心中是最重要的，不担心有人能超过自己。萨特确实对狭义的性行为没有太大兴趣，他喜欢爱抚。我们在一起的头两三年，和萨特的性爱对我来说非常重要，因为我是和他在一起后发现了性的欢愉。

后来，我们之间的性爱渐渐归于平淡，因为萨特不太在意这事。尽管我们在之后的15～20年里仍然有性接触，但实际上性在我们的关系中没有那么重要了。

施瓦泽：我想，你们之间最根本的是智识上的联结。对于那个广为流传的说法，即您是"伟大的女萨特"，是萨特的"忠实信徒"，您有何回应？

波伏瓦：我认为，这种说法是错误的，大错特错！当然，在哲学上，他比我更有创造力。我一向承认他在这个领域无人匹敌。至于萨特的哲学，我一直是他的追随者，因为我也把存在主义作为我的事业。不过，我们经常在一起探讨问题，有些东西是两人共同讨论探索的结果。比如，在《存在与虚无》（*L'être et le néant*）的创作阶段，我对他的一些观点持不同意见，有时他也会对自己的思路稍做调整。

施瓦泽：比如说？

波伏瓦：就是在《存在与虚无》中。他在第一稿中谈到自由，好像对所有人来说自由都是绝对的，或者至少所有人始终都有选择自由的可能。而我坚持认为，事实上，在一些情境下，人们无法选择自由，或者自由只是一种神话。他接纳了我的观点。后来，他赋予人的处境以极大的意义。

施瓦泽：那是40年代初，也就是在你们接触马克思主义之前？

波伏瓦：是的。

施瓦泽：那时您在做什么？

波伏瓦：我在做自己的事情，与萨特无关的事情，写我自己的书，自己的小说。文学承载了我的很多寄托。即使《第二性》的分析立足于哲学，即萨特的存在主义，它也完全是我个人关于女性愿景的文学创作。这是我当时的感受。

施瓦泽：即使面对萨特这样一个既智力超群又魅力非凡的人，您也没有陷进去，想要做"他的妻子"，没有降格为"他身边的女人"，一个相对于他而存在的女人，这如何解释？您觉得，在您的一生中，哪些因素决定了您成为屈指可数的独立自主的女性之一？

波伏瓦：决定性的因素包括：我生命早期的印痕作用！我一直想有自己的职业生涯！我一直想写作，早在认识萨特之前就有这个想法！我有梦想，不是幻想，是非常大胆的梦想！这些愿望在遇到萨特之前就已埋在心底！幸福于我而言就是自己做主，去过丰满的人生。对我来说，丰满的人生主要通过工作来实现。

施瓦泽：萨特是什么态度呢？

波伏瓦：他特别鼓励我。我完成博士学业后，工作很辛苦。我内心很渴望稍稍松弛下来，沉浸在幸福里，沐浴在和萨特的爱情里……萨特就对我说："海狸，您怎么不思考了？怎么不写东西了？您不是想写作的嘛！您肯定不想成为家庭主妇吧？"他坚持认为，我应该保持独立，尤其是通过写作。

施瓦泽：这大概是相互的。如果没遇到您，萨特可能会陷入非常传统的爱情纠葛中……

波伏瓦：已婚的萨特？这肯定会让他无比憎恶。但您说得没错，他会很容易被逼到进退两难的境地，因为内心愧疚……不过他会设法再迅速抽身而出。

施瓦泽：愧疚感，或负罪感在女性当中很普遍，您有过这种感觉吗？

波伏瓦：没有，我从没有在这些事情上有愧疚感。有时候，冷酷斩断一段友情会让我自责，对此我并不总觉得理直气壮。但总的来说，我做人无愧于心——有时这几乎是一种无意识。

施瓦泽：我感觉，您不喜欢耽于自我沉思……

波伏瓦：这是真的。我不怎么用我的理论分析我自己。那样的话，我会觉得怪怪的。

施瓦泽：让·热内[①]曾说，在你们俩的关系中，您是男人，萨特是女人。他这话是什么意思？

[①] 让·热内（Jean Genet，1910—1986），法国作家，代表作有《鲜花圣母》（*Notre-Dame-des-Fleurs*）、《玫瑰奇迹》（*Miracle de la rose*）。

波伏瓦：他是想说，在他看来，萨特比我敏感细腻，而敏感被认为是"女性特质"。我则性格大条、行事粗犷。不过，他这么说与他和女性的关系有很大关联，他不太喜欢女人……

施瓦泽：不过这个说法有一定的道理。您倔起来像骡子一样——您自己也这么说。您活力十足、头脑敏捷，碰到不喜欢的事会怒目圆睁，遇到不喜欢的人就冷若冰霜……丝毫没有"女性"的圆融亲和。您是一个性格决绝的人。

波伏瓦：没错。

施瓦泽：我知道不少这样的例子，女性无所顾忌地展现自己的活力和智慧，却会因此受到某种程度的惩罚。周围的人会让她们感觉到：你和"男人一样优秀"吗？好吧，那"作为女人"你就不可爱，不值得追求！您有过这种感受吗？

波伏瓦：没有。

施瓦泽：您从来没有忍不住也想做个"小女人"，来柔和一下您身上的"男性化"特征吗？

波伏瓦：没有，从来没有！我有自己的工作，有萨特。这些事我都是顺其自然，没有费尽心思去追逐。在美国爱上阿尔格伦的时候，是在异国他乡，他很有魅力，身上集合了各种美好品质，我不需要矫揉造作，不需要伪装自己！况且他也爱上了我。

施瓦泽：您的性爱欲望总是和感情联系在一起？

波伏瓦：我想是的。另外，只有别人对我有欲望时，我才会对他产生欲望。确切地说，总是别人的渴望让我心旌荡漾。

施瓦泽：真是谨慎得很……

波伏瓦：是的。也许偶尔我会有这样那样的幻想……但在现实生活中，我和我交往的男性之间，总是先结下深厚的友情，之后才会有身体接触，否则任何男人别想碰我一下。

施瓦泽：难道没有欲望突然袭来的时候？没有情难自禁时随便和什么人发生过一夜情？

波伏瓦：没有，从来没有。这对我来说非常非常陌生。也许由于我的清教思想，也许由于成长过程中所受的教育，总之，在我身上从来没有发生过这样的事，从来没有！即使在我的情感空窗期，很长时间没有性生活的时候，也不曾有过。我从来没有想过，出去随随便便找个男人……

施瓦泽：这种克制是不是非常"女性"？

波伏瓦：我不知道。

施瓦泽：您谈到您的性爱生活时，总是只讲男性。您从没有和女性发生过性关系吗？

波伏瓦：没有。虽然我一直有推心置腹的女性朋友，我们之间非常亲密温存，有时也有肢体亲密，但这种亲密从来没有变成性爱激情。

施瓦泽：为什么没有呢？

波伏瓦：这极可能与教育对我的制约有关。我指的是整个教育，不仅是家庭教育，包括小时候读的书和其他影响，这些都塑造了孩提时期的我，使我具有异性恋的倾向。

施瓦泽：您是想说，您从未经历过同性恋，但理论上完全接受它，也接受同性恋发生在自己身上？

波伏瓦：是的，完全是这样。女性不应再局限于被动地顺从男性的欲望。实际上我认为，现在每个女性都有那么一点点同性恋倾向……原因很简单，因为女性比男性更可爱、更令人倾慕。

施瓦泽：此话怎讲？

波伏瓦：因为女性更美，她们体态婀娜，肌肤拂之令人愉悦。通常女性更有魅力。一对夫妻中往往妻子比丈夫更温和可亲、活泼有趣，甚至智力也更胜一筹。

施瓦泽：您这样说，可能有点性别歧视或者敌视男性……

波伏瓦：不是的。因为这与两性面对的不同的制约因素和现实有关。总之，事实上，现如今男性常常表现出一些有点可笑的性格特点，这些特点，萨特也觉得厌烦。他们高傲自大、毫无生气，还喜欢自命不凡地夸夸其谈。

施瓦泽：没错。但我觉得，女性也有她们的错误，而且近来她们甚至还以此为荣。比如，在德国——也不只在德国——正经历着一场"女性气质"的复兴，即所谓"新女性气质"（当然实际上是老生常谈），它强调情感而非智力，强调"天性"爱好和平而非果敢对抗，神化"母性"而非摆脱"母职"的压力。在新女权运动开始20年前，您在《第二性》中提出了新女权主义的信条："女人不是天生的，而是后天形成的。"那么，对于某些女性如今重拾"女性气质"，您怎么看？

波伏瓦：我认为，这根本就是将女性打回被奴役的境地！毕竟母性仍然是把女性变成奴隶的最高明的说辞。我的意思并不是说，女性只要做了母亲就一定像奴隶一样操劳——在某些生活条件下,做母亲并不会让女性付出这样的代价。但只要女人的主要任务是生儿育女,她们就不可能涉足政治或从事技术,就不会挑战男性至高无上的地位。再度神化"母性"和"女性气质",就是企图迫使女性回到过去的角色、地位和处境中去。

施瓦泽:在目前全球性经济危机的形势下,这对男性世界来说有双重的实际好处:一是,再次把女性与无偿家务劳动更牢固地捆绑在一起,使她们更难以摆脱"女性责任";二是,这样一来,还为男性腾出了有偿工作岗位。

波伏瓦:确实是这样。因为不能告诉女性刷锅洗碗是一项神圣使命,所以就告诉她们,养育孩子是一项神圣使命。而如今看来,抚养孩子长大确实与刷锅洗碗密不可分。通过再度神化"母性"和"女性气质",把女性推回以前的处境中,让她们依旧是相对于男性的存在和次等人的角色。

施瓦泽：这股新掀起的对女性气质的狂热是因为什么？女权主义部分失败了吗？

波伏瓦：我认为，实际上受到女权主义深刻影响的只是少数女性。某些女权主义行动确实让很多女性受益，比如，争取堕胎权的斗争。但是，由于失业和对男性特权的质疑，对很多人来说，女权主义现在似乎是某种威胁，所以，作为对女权主义的反击，他们把潜藏在女性内心的一些东西又掘地三尺挖了出来：大多数女性本来就小女人本色依旧……他们索性重新赋予女性气质以某种意识形态价值，试图以此找回被女权主义破坏的"普通女性"形象，比如，女性是相对于男性的存在，她们温良谦让……他们对已被女权主义粉碎的这种女性形象哀戚不已。

施瓦泽：现在我想请教作为存在主义者和

马克思主义者的您几个问题：在当前，女性的自由状况如何？您认为今天还有哪些可以行动的空间？您认为我们必将遇到的行动边界在哪里？女性如何才能打破"女性气质"的恶性循环？在这个问题上，您认为到目前为止我们女权主义者路子走对了吗？

波伏瓦：很难说。说实话，已经做了一些事情也算很好了。形势并不太有利……但事实上，这个运动早期就存在一些不太好的东西。比如，一些女性坚决拒绝接受男性提出的一切，凡是男性的行事方式，她们一概排斥：不组织起来，不工作，不创造，不行动。我向来认为，女性应当拿过男性手中的工具来为己所用。我知道在女权主义者中存在分歧：女性应占据更多职位与男性竞争吗？假如这样做，无疑她们将吸收男性的某些优点，也将沾染他们的一些毛病。或者女性应当完全拒绝这一切？第一种情况下，她们会获得更多权力；第二种情况下，她们将一直处于无能为力的状态。当然，如果女性掌握权力，只是重复以前男性采用的权力模式……这样是无法改变社会的。在我看来，女权主义者的真实想法可以是改变整个社会，从而改变女性在社会中的地位。

施瓦泽：就职业而言，您选择了第一条路：您写书，是创作力惊人的作家；您这一生过得"像男人一样"自由。同时，您还试图去改变世界……

波伏瓦：是的。我相信这种双重策略是唯一的途径。作为女性，我们应当毫不犹豫地追求所谓的男性气质！其中很多气质实际上是人类共有的气质，女性也有权拥有！我们必须冒险介入这个男性世界，它在很大程度上也是整个世界！当然，这样做，女性需要冒着背叛其他女性和女权主义的风险，她会觉得自己是溜之大吉……但若不如此，她将面临在"女性气质"中窒息的危险。

施瓦泽：无论哪种选择，女性都一样经常遭到排斥和贬低。

波伏瓦：我很幸运，我从没有遭到过贬低，也几乎不曾经历身为女人的苦楚。尽管有些事情会让我很恼火，我在《第二性》序言中提到过，我时常听到人们对我说："因为你是女人，所以才会这样想。"我总是反唇相讥："这实在可笑——你这样想或那样想，是因为你是男人吗？"

施瓦泽：在一些领域，尤其在文学领域，女权主义者之间存在争议：关于女性创作，应该鼓励"多"，还是注重"优"？就是说，应当像对待男性作品那样严格评价和批评女性作品？或是相反，应当满足于难得有女性从事写作的现实，暂不予严格批评，而是给她们提供较为宽松的创作环境?

波伏瓦: 我认为,对女性也应该一视同仁,严格要求。要鞭策她们,对她说,不行,这样写不行!写点儿别出心裁的东西,试试再精益求精一些!对自己要求高一些!仅仅表现女性身份是不够的。我经常收到女性寄来的文稿,她们希望自己的文字能够变成铅字。她们都是家庭主妇,四五十岁,没有工作,儿女已经离家,有了空闲时间,于是许多人开始写作。她们大都写自己的生活,几乎都是关于自己不幸的童年,她们自认为这很有趣……记录下这些事情对她们的心理状态可能很重要,但并不意味着因此就能出版。我认为女性必须对自己有更高的要求!

施瓦泽: 新女权运动对您自己的生活有没有直接影响?

波伏瓦: 它让我对一些细微小事更加敏感,

那种日常生活中的性别歧视,由于如此"平常",以至于往往不为人觉察。几年来,巴黎的一群女权主义者为《摩登时代》杂志撰文,指出"日常生活中的性别歧视",那些平素不易察觉的性别歧视,我也是从此以后才开始注意到的。

施瓦泽:在新女权运动出现之前,谈到女性,您称"她们";现在,您改称"我们"。这个"我们"指的是?

波伏瓦:我说的"我们"不是指"我们女性",而是指"我们女权主义者"。

施瓦泽:如今,"女权主义"这个词被用滥了。例如,西德和平运动中有一些女性,她们打着女权主义旗号为和平而战。她们宣称,自己身为"女人和母亲,要为孩子拯救明天的世界",或自己作为"天生更贴近生活的女人",或自己"天性比男人更平和"——据说男人"天生具有破坏性"……

波伏瓦：这太荒唐了！因为，追求和平是女性作为人类而不仅是作为女性的诉求。摆出"身为母亲"这样的论点毫无意义，毕竟男人也是父亲。此外，过去女性就一直太仰赖孩子、生育能力和"母性"，现在不能再拿这种女性意识形态出来招摇过市了。和平运动的女性，可以为使后代免遭战祸而斗争，就像男性一样。但这一切与她们自己是母亲或女人无关。总之，女性应当完全放弃这类拿"女性的"什么什么说事的观点。如果有人鼓动你要以"女性天性"或"母性"之名为和平而战，千万别上当，那会正中男人下怀，因为这正是他们的伎俩，他们试图再次让女性画地为牢，沦为生育机器！另外，女性获得权力，并不会和男性有什么不同。就看看甘地夫人[①]、梅厄夫人[②]、撒切尔夫人以及其他这类

---

① 印度前总理英迪拉·甘地。
② 以色列前总理果尔达·梅厄。

女性好了,她们绝不会突然变成和平天使……

施瓦泽:"二战"之后,您和萨特变成了好战知识分子。你们通过写作和参与各种活动,激情高涨地介入政治,为让这个世界实现更多正义和自由奔走呼号,如此几十年。您对苏联、中国和古巴的革命抱有一定的希望,但也不得不接受失望。阿尔及利亚独立战争期间,法国在那里犯下的罪行激怒了您,您勇敢地公开发声抗议。不仅如此,该事件也对您个人造成了严重的思想和心理困扰,使您"作为一个法国人,深感羞愧",以至于整夜泪流不止。您在您的自传中讲述了这些。那么,您如何看待当前世界的政治发展趋势,特别是法国国内的政治形势呢?您也投了密特朗①的票?

波伏瓦:是的,因为这意味着能够多一

---

① 法国前总统弗朗索瓦·密特朗,属左翼阵营。

点正义，向富人多征税，给穷人多发养老金。在女权方面也取得了一些进展。伊薇特·鲁蒂（Yvette Roudy，新设立的妇女权益部部长）起码是有独立预算的部长。她给女性，尤其是女权主义者，划拨了大量资金用于研究和实施各种项目。她致力于推动避孕和堕胎自由。据说堕胎费用甚至可能由医疗保险报销。但除此之外……说实话，我也没期待奇迹。没有人能创造奇迹，尤其是在如此艰难的经济形势下……这届社会主义政府必须慎之又慎。它别无选择，否则必将面临一场革命。但目前革命是不可能的。在这种情况下，在这样的时刻，我本人不赞成暴力革命。那样代价太大了。因此，彻底改变世界秩序可惜并不在讨论之列。在我看来，目前情况下，法国也只能做到稍稍减少现有的不平等。

施瓦泽：在这次访谈中，关于男性我们谈了很多。现在访谈接近尾声了，我想提到一位女性，她与您相伴十多年了，萨特去世后，她大概是您生活中最重要的人，我说的人就是39岁的讲师希尔维·勒邦。女性之间，这种伟大的友谊很罕见。

波伏瓦：这个我不太确定。很多情况下，女性之间的友谊能天长地久，而爱情可能会烟消云散……男性之间真正的友谊其实非常非常少见，主要也因为女性之间的交流和倾诉比男性之间多得多。

波伏瓦生平与作品

1908　　1月9日出生于巴黎，父亲是律师，母亲是银行家之女、图书管理员。

1910　　妹妹埃琳娜出生。

1913　　5岁半，入读天主教女子学校。

1917　　家道中落。父亲无法再为姐妹俩提供嫁妆，他开始让她们为将来可能要自谋生计做准备。

1922 波伏瓦失去了自己的信仰,但很长时间都没向任何人吐露。

1926 波伏瓦在中学的最后一个学年选了数学和哲学作为主科,同时开始在索邦大学上课。

结识一众巴黎青年才俊,开始创作一部小说。

与表兄有一段短暂的感情,他后来娶别人为妻,她如释重负。

1928 在索邦大学和巴黎高等师范学院攻读哲学期间,与让-保罗·萨特相遇。两人开始恋爱关系。

波伏瓦以第二名的成绩通过了国家哲学教师资格考试(高中教师招聘考试),萨特获得第一名。

1931 到马赛一所中学当哲学教师。由于已婚人士可选择离配偶近的工作地点，萨特向波伏瓦求婚。她拒绝了。两人决定建立平等的、彼此独立的伴侣关系。

1932　调至鲁昂任教。

1936　返回巴黎，在不同的高中任教。

1940　在德国占领期间，波伏瓦留在巴黎，结识了许多作家和艺术家并与之交往，其中有加缪、热内、贾科梅蒂[1]和毕加索，她与他们在花神咖啡馆见面，这家咖啡馆位于巴黎第六区圣日耳曼大道，她经常光顾那里。

1941　萨特从战俘营返回巴黎，创建抵抗组

---

[1] 阿尔贝托·贾科梅蒂（Alberto Giacometti，1901—1966），瑞士雕塑家，画家。

织"社会主义与自由"。

1943　首部小说《女宾》（*L'invitée*，德文版1953年出版）面世。
同年被解除教职。之后在国家广播电台工作了两年。

1945　出版小说《他人的血》（*Le Sang des autres*，德文版1963年出版）。
与萨特一起创办文学政治杂志《摩登时代》，在上面发表哲学文章。

1946　出版小说《人总是要死的》（*Tous les hommes sont mortels*，德文版1949年出版）。

1947　前往美国巡回演讲，与作家纳尔逊·阿尔格伦相识相恋，与他的恋爱关系持续至1952年。

1949 《第二性》出版,获得巨大成功,享誉世界,波伏瓦由此跻身法国最著名的知识分子之列。但梵蒂冈和苏联都将该书列为禁书。

1952 结识在《摩登时代》编辑部工作的克劳德·朗兹曼(Claude Lanzmann),他日后成为纪录片导演。她与他的恋爱关系保持至1958年。

1954 发表小说《名士风流》(德文版1955年出版),该作获法国龚古尔文学奖(Le Prix Goncourt)。

1958 出版《一个安分守己少女的回忆》(德文版同年出版)。

1963　　　母亲死于癌症。次年，出版《安详辞世》（*Une mort très douce*，德文版1965年出版），以极其冷静的笔调详述母亲之死。

1966　　　出版《美丽的形象》（德文版1968年面世）。

1970　　　出版《论老年》（德文版同年面世）。与爱丽丝·施瓦泽相识，由此结下友谊。

1971　　　在推动新堕胎法案出台的斗争中，波伏瓦签署宣言，公开声明"我堕过胎"（J'ai avorté），与吉赛尔·哈利米（Gisèle Halimi）共同创立"选择妇女事业"（Choisir la cause des femmes）运动，并担任首任主席至1981年。

1980	让-保罗·萨特去世,波伏瓦在他长年患病期间照顾他。 收养哲学教师希尔维·勒邦。
1981	出版《告别的仪式》(德文版同年面世)。该书记录了萨特疾病缠身的最后10年,刻画了波伏瓦与他的漫长告别。
1986	4月14日去世,被安葬在蒙帕纳斯公墓萨特的旁边。
1990	希尔维·勒邦开始出版波伏瓦的信件和日记。
2020	波伏瓦未发表的自传体小说《形影不离》(*Les inséparables*,德文版同年面世)出版。该书讲述了她对童年时期的好友扎扎的爱。

内容说明

《今天，我为什么是一个女权主义者》，该文1972年首发于巴黎的《新观察家》杂志；同年，德文译文以《我是女权主义者》为题发表于讽刺杂志《抱歉》（*Pardon*）。

《萨特和我——一种相互渗透》，这次与波伏瓦和萨特的访谈是1973年为北德广播公司制作的电视专访的一部分，文字内容同年发表于文学杂志《历史的进程》（*Kursbuch*），题为《……确实值得批评》。

《永恒女性是个谎言》,该文1976年首发于《明镜》周刊(*Der Spiegel*)。

《当人老了,糟糕的是,仍觉得年轻》,该文1978年首发于《艾玛》(*EMMA*)杂志,题为《女人不会跌得那么惨……》。

《和他不一样,我充满激情》,该文1982年12月首发于《明镜》周刊,题为《仅表现女性身份是不够的》。

图书在版编目（CIP）数据

波伏瓦访谈录／(法)西蒙娜·德·波伏瓦,(德)爱丽丝·施瓦泽著；刘风译. -- 北京：北京联合出版公司，2024.3（2025.1重印）
 ISBN 978-7-5596-7383-1

Ⅰ.①波… Ⅱ.①西…②爱…③刘… Ⅲ.①波伏瓦(Beauvoir, Simone de 1908-1986)—访问记 Ⅳ.①K835.655.6

中国国家版本馆CIP数据核字（2024）第036902号

Copyright © 2022 by Kampa Verlag AG, Zürich
Für das Vorwort von Simone de Beauvoir
Copyright © 1983 Mercure de France, Paris
北京市版权局著作权合同登记　图字：01-2023-5447

波伏瓦访谈录

作　　者：[法]西蒙娜·德·波伏瓦　[德]爱丽丝·施瓦泽
译　　者：刘风
出 品 人：赵红仕
责任编辑：牛炜征

北京联合出版公司出版
（北京市西城区德外大街83号楼9层　100088）
北京联合天畅文化传播公司发行
北京美图印务有限公司印刷　新华书店经销
字数70千字　787毫米×1092毫米　1/32　5.75印张
2024年3月第1版　2025年1月第3次印刷
ISBN 978-7-5596-7383-1
定价：49.80元

版权所有，侵权必究
未经书面许可，不得以任何方式转载、复制、翻印本书部分或全部内容。
本书若有质量问题，请与本公司图书销售中心联系调换。
电话：010-64258472-800

在喧嚣的世界里,
坚持以匠人心态认认真真打磨每一本书,
坚持为读者提供
有用、有趣、有品位、有价值的阅读。
愿我们在阅读中相知相遇,在阅读中成长蜕变!

好读,只为优质阅读。

波伏瓦访谈录

策划出品:好读文化	监　　制:姚常伟
责任编辑:牛炜征	产品经理:程　斌
营销编辑:陈可心	装帧设计: TT Studio